Platero y yo

Juan Ramón Jiménez Mantecón

플라테로와 나

1판 1쇄 발행 2018년 2월 20일

지은이 | 후안 라몬 히메네스
옮긴이 | 염승섭
발행인 | 신현부

발행처 | 부북스
주소 | 04601 서울시 중구 동호로17길 256-15 (신당동)
전화 | 02-2235-6041
팩스 | 02-2253-6042
이메일 | boobooks@naver.com

ISBN ISBN 979-11-86998-59-5 (04080)

이 도서의 국립중앙도서관 출판예정도서목록(CIP)은 서지정보유통지원시스템 홈페이지(http://seoji.nl.go.kr)와 국가자료공동목록시스템(http://www.nl.go.kr/kolisnet)에서 이용하실 수 있습니다. (CIP제어번호 : CIP2018003510)

부클래식

071

플라테로와 나

후안 라몬 히메네스

염승섭 옮김

차례

소개의 말

후안 라몬 히메네스(Huan Ramón Jiménez, 1881-1958)는 마차도(Antonio Machado), 로르까(Federico García Lorca) 등과 더불어 스페인 시(詩) 문학의 근대주의를 계승한 거장으로 그의 공적을 인정받아 1956년 노벨 문학상을 받았다.

히메네스는 본래 법을 공부했으나, 적성에 맞지 않아 법을 포기하고, 16세경부터 시작(詩作)에 관심을 가졌다. 19세가 되던 1900년부터는 그의 시집들이 출현하기 시작하여 평생 동안 총 25권 이상의 시집을 발간하였다. 그는 시인으로서의 초창기 때부터 스페인 문단의 각별한 주목을 받기 시작했다. 그의 생애의 결정적인 해였던 1900년에는 그가 숭배하던 근대주의의 거장 루벤 다리오(Félix Rubén García Sarmiento)의 초대를 받아 마드리드로 가서 한 달가량 묵었다. 그는 여러 가지 사정으로, 무엇보다도 부친의 급작스러운 죽음으로 고향 모게르(Moguer)로 돌아올 수밖에 없었다. 가세가 급격히 기울고 이에 타격을 받아, 본 산문시집의 마지막 편에 언급되어 있듯이, 그는 그 후 두 번이나 정신병원에 입원해 있어야만 했다.

1914년에 히메네스는 재간이 뛰어난 푸에르토리코 여인 제노비아 캄프루비(Zenobia Camprubí Aymar)를 만나, 그녀와 함께 싱(Edmund John Millington Synge), 타고르(Rabindranath Tagore), 롤랑(Romain Rolland)을 번역했고, 그 다음 해에 그녀와 결혼했다. 스페인 시민전쟁(1936-1939) 이후로는 망명객으로 주로 미국에 거주하며, 말년에는 푸에르토리코에서 정착할 때까지, 비교적 안정된 삶을 살았다. 부친의 사망 전에 그는 부호의 계승자로 '세뇨리토(작은 주인님)'로 불릴 정도로 그 지역의 영향 있는 인사였다. 그런 연유에서 그는 영원한 '모게레뇨(모게르 사람)'로 남게 된 것이다.

고향 모게르는, 마르셀 프루스트에게 콤부레(Combrai)가 그러하듯이, 그의 시세계의 모든 것을 집약하고 있는 전설의 고장이었다. 안달루시아 지방에 있는 이 소도시는, 읍 정도의 크기로 우엘바(Huelva) 시에 근접하며, 대서양 연안에 자리 잡고 있다. 그곳에서 남쪽으로 약 5마일 떨어진 팔로스(Palos)와 그 부근의 다른 도시들은 모게르와 더불어 미 대륙의 발견자 콜럼버스의 족적이 남아 있는 곳이기도 하다. 그러니까 본 산문시집에서 그곳의 하늘, 땅, 자연, 인물들과 동식물들은 관찰자의 영혼 그리고 지성적 통찰을 담은 매개물이 되고 있다. 그런 맥락에서 《플라테로와 나》는 '안달루시아의 비가'라는 부제목을 달고 있다.

히메네스의 시는 일부 비평가들이 '용어의 세련주의'에 집착한다고 비난했을 정도로, 그는 대단한 완벽주의자였다. 그는 자신이 쓴 시들을 뒤에 가서 과감히 수정하곤 한다는 면에서 말라르메(Stéphane Mallarmé)다운 면이 있었다. 본 산문시집에서도 문체가 근본적으로는 간결하고 명쾌하지만, 곳에 따라서는 연상적 이미지와 명상은 안달루시아 지방의 특유한 풍물과 융합되어 있어, 그 함의(含意)와 유추(類推)를 정확히 이해하지 않고는 쉽게 이해되지 않는다.《플라테로와 나》에는 청년기(1907-17)에 이르기까지의 고향에서의 여러 에피소드들이 봄에서 시작하여 봄으로 끝나는 시간적 배열로 되어있다. 그의 직관적 시정(詩情) 속에 용해된 '시적 산문들'의 유기적 구성이라 할 수 있겠다.

명시선(名詩選)은, 히메네스의 창작 전기(前期)를 장식하는 '플라테로 일화집' 이후, 그의 창작과정에서 현저한 변화를 보이기 시작한 1916년을 분기점으로 삼아, 그의 시(詩) 세계를 제한된 범위에서 가늠해 볼 수 있도록, 그의 창작 후기를 장식하는 주요(主要) 시들을 간추려 엮은 것이다.

염승섭

내게 오디와 카네이션을 보내 주곤 했던

태양로(太陽路)의 가엾은 실성한 여인

아게디야를 추억하며

짧은 서문[01]

어떤 사람들은 내가 《플라테로와 나》를 어린이들을 위해 썼고 또 그것은 어린이들을 위한 책이라고 쉽게 믿어버린다. 아니다. 1913년 내가 이 책을 쓴 것을 알고 있던 라 렉투라 출판사는 내게 '청소년 문고'를 위해 가장 목가(牧歌)적인 얘기들을 뽑아 한 꾸러미를 만들어 먼저 출간할 것을 청해 왔다. 그때 나는, 평상시에 가졌던 생각을 바꾸고 이 서언을 썼다.

---

01 Juan Ramón Jimenez, Platero und Ich, Andalusische Elegie, aus dem Spanischen übertragen und mit einem Essay versehen von Fritz Vogelgsang(Frankfurt a.M.: Insel, 1992), 233 쪽 참조. 히메네스는 1956년 노벨상을 수상하고 나서 마드리드에서 출간 예정인 새로운 판본에 싣게 될 이 '작은 서문'의 서두와 말미에서 본 작품에 대한 그의 분명한 입장을 그 천명하고 있다. 《플라테로와 나》는 1장부터 135장까지의 근간이 1912년 경에는 완성되어 있었는데, 청소년 문고를 위해 그 발췌본이 1914년에 첫 번 출간 되었고, 그 완성본은 1917년 카예하(Calleja) 출판사에서 출간되었고 136장에서 138장에 이르는 부분들은 그 후에 추가된 것이다. 본 번역본은 그 대본으로 마드리드의 Santillana 출판사에서 1976년에 출간한 *Antología Poética/Platero y yo*를 따르고 있다..

어린이들을 위해 이 책을 읽어 줄 분들에게 드리는 제언

기쁨과 슬픔이 플라테로의 두 귀처럼 한 쌍을 이루고 있는 이 간결한 책은, 내가 알지 못하는 그 누구를(?) 위해!…… 쓰여져 있다. 그들을 위해서 서정 시인들은 시를 쓴다……. 그 책이 어린이들에게 다가가고 있는 이제, 나는 거기에 콤마 하나도 빼놓지 않고 또 덧붙이지도 않는다. 그대로가 아주 좋다!

"어린이들이 있는 곳이면 어디에서나"—노발리스[02]가 말하고 있듯이—"황금시대가 존재한다." 그러니까 시인의 마음은 하늘에서 떨어진 정신적 섬과 같은 그 황금시대 속을 걷고 있고, 그것은 그의 취향에 그처럼 살 들어맞아, 그의 가장 큰 바람은 그것을 결코 포기하지 않게 되는 것이다.

우아함과 신선함, 행복이 깃든 섬, 어린이들의 황금시대여! 언제나 그대를 내가 애도(哀悼)의 바다인 나의 삶에서 찾아내게 되기를! 그리고 그대의 미풍이 내게, 저 동틀 녘의 흰 햇살을 받으며 지지배배 하는 종달새처럼, 격조 높게 때로는 아무 뜻 없이 울리는 칠현금을 가져다 주기만을!

시인

마드리드, 1914

---

02 독일 낭만파 시인 프리드리히 폰 하르덴베르크(Friedrich von Hardenberg, 1772-1801)의 필명이다.

나는 그 어떤 것도 어린이들을 위해 쓴 적도 없고 또 쓰지도 않을 것이다. 왜 그런가 하면 나는 어린이가 성인들이 읽는 책들—누구에게나 쉽게 떠올려지는 예외는 몇 개 있겠지만—을 읽을 수 있다고 믿기 때문이다. 하기야 성인 남녀들에게도 물론 예외들은 있게 마련이다.

I · 플라테로

플라테로[03]는 유순하고 털이 복슬복슬한 자그마한 놈이다. 작고, 그 털이 너무나 푹신푹신하여 아마 뼈 없는 솜으로 채워져 있다고 말할 수 있겠다. 흑옥(黑玉)의 거울 같은 눈동자만이 두 개의 검은 수정 갑충석(甲蟲石)처럼 단단하다.

내가 그를 풀어 주면, 그는 초원으로 가서 그의 더운 콧김으로 그저 스치는 듯 저 분홍빛, 푸른빛, 또 노란빛 꽃들을 부드러이 어루만진다. "플라테로?" 하고 조용히 부르면, 그는 즐거운 총총 걸음으로 내게 달려오는데, 마치 기발한 방울 소리를 내며 그가 웃고 있는 듯하다…….

그는 내가 그에게 주는 것이면 무엇이든 다 잘 먹는다. 오렌지, 중국 귤, 머스캣 포도 같은 아주 향기로운 열매들, 또 수정 같은 꿀방울이 깃든 보랏빛 무화과를 좋아한다…….

그는 어느 어린 소년이나 소녀처럼 부드럽고 다정하

---

03 'Platero'는 어원적으로 'plata y oro 은과 금'에서 유래하며 일반적으로 '은 · 금세공자'를 뜻하며 또한 흔히 은색 당나귀들의 애칭으로도 사용된다.

지…… 하지만 내면은 돌로 만들어진 듯 강하고 단단하다. 내가 일요일에 그의 등에 올라타고 읍 외곽의 작은 길을 지나노라면, 깨끗한 옷을 입고 느린 걸음을 걷는 시골 사람들이 발걸음을 멈추고 그를 바라본다.

"강철 같은 놈이군……"

그는 강인하다. 그는 강철과 달의 은을 동시에 지니고 있다.

II · 흰 나비들

밤이 이제 안개를 펼치며 자색을 띠고 내려앉는다. 연자색과 초록색의 희미한 광채가 교회 탑 뒤에서 서성이고 있다. 길은 그림자, 초롱꽃, 향기로운 풀, 노래, 나른함과 동경으로 넘쳐 솟아오른다. 갑자기 어느 거무스름한 인물이, 챙이 달린 모자를 쓰고 세관원의 뾰족한 작대기를 든 채, 석탄 자루들로 에워싸여 있는 초라한 판잣집에서 나와 우리를 향해 걸어오는데. 그의 추한 얼굴이 여송연의 불빛으로 한순간 붉게 비추어진다. 플라테로는 겁을 집어먹는다.

"신고할 것 없소?"[04]

---

04 원문에 적혀 있는 "¿Ba argo?"는 "¿lleva algo (어떤 것을 가지고 가십니까)?"란 표현이 사투리화한 것임. 안달루시아 지방에서는 'l'을 'r'로 발음하는

"자, 보세요…… 흰 나비들입니다……"

그 남자는 쇠꼬챙이로 그 작은 광주리를 찔러보려 하고, 나는 막지 않는다. 나는 안장에 달린 작은 광주리를 열어 보여 주고, 그는 거기서 아무것도 보지 못한다. 그래서 숨김없고 자유롭게, 그 상상(想像)의 음식은 그 세관에 관세를 물지 않고 무사히 통과한다……

III · 어스름 녘에 하는 놀이

마을에 황혼이 지니, 추위로 뻣뻣해진 플라테로와 나는 말라붙은 강바닥으로 이어지는 초라한 샛길의 자색 어둠을 지나가는데, 가난한 집 아이들은 거지 행세를 하며 서로서로 놀래주는 놀이를 하고 있다. 그들 중 한 아이는 머리 위에 거적을 뒤집어쓰고, 다른 아이는 앞을 보지 못한다고, 또 어떤 아이는 절름발이라고 말한다.

얼마 후, 어린아이들에게 흔한 변덕을 부리며, 하긴 그들은 신과 옷을 걸치고 있으니까, 또 그들의 어머니가 무슨 수단을 써서라도 먹을 것을 주니까, 그들은 자신들이 왕자라고

경우가 많음. 또한 이런 현상은 이 지방 아이들의 언어에도 그대로 나타나는데, 히메네스는 그런 것을 [illegible] 특색으로 존중한다.

믿는다.

"우리 아버지는 은시계가 있어."

"우리 아버지는 말이 있어."

"우리 아빠는 엽총이 있어."

새벽에 그를 깨워 줄 시계, 배고픔을 죽이지 못하는 엽총, 그를 궁핍으로 몰아가는 말……

그들은 손을 맞잡고, 원을 돌며 춤을 춘다. 거무스름한 어둠 속에서 다른 지방 어조의 소녀, 다름 아닌 '초록 새'[05]의 조카딸이 그늘 아래 수정같이 맑은 물줄기처럼 가냘프지만, 정확한 곡조로 공주처럼 노래한다.

나는 오레에 백작의
미망인이다.

…… 그렇구나, 그래! 노래하고 꿈꾸어라, 가난한 자의 아이들이여! 얼마 안 있어 너희의 젊음이 동틀 때, 겨울같이 위장한 거지처럼, 봄은 너희들에게 겁을 주겠지.

"플라테로야, 가자꾸나……"

---

05 읍내에서·단독으로 떠도는 괴짜 인물로 사람들은 그의 의복을 별명으로 하여 '초록 새(Pájaro Verde)'로 부른다.

Ⅳ · 일식(日蝕)

우리는 손을 자기도 모르게 주머니에 넣었고, 이마에는 마치 빽빽한 소나무 숲으로 들어가는 양 서늘한 그늘의 부드러운 나부낌을 느꼈다. 닭들은 하나씩 횃대 위로 물러가고 있었다. 주위 사방의 들은, 마치 중앙제단의 자색 휘장으로 덮인 듯, 초록색 표면에 검은색을 입었다. 먼 바다는 환영처럼 희게 보였고, 몇 개의 별은 창백하게 비치고 있었다. 지붕들의 흰 색조를 하얗게 바꾸다니! 그 위에 서 있는 우리는, 일식의 한정하는 침묵 속에서 작고 어두워졌지만, 재치 있는 말들을 소리쳐 주고받았다.

우리는 온갖 종류를 통해 해를 바라보았다. 오페라글라스, 고성능 망원경, 병들, 연기로 그을린 유리 조각을 통해 바라보았다. 또 모든 위치에서 바라보았다. 테라스, 뜰의 계단들, 창고의 창문, 앞뜰의 단철(鍛鐵) 문, 주홍빛과 푸른색 창유리를 통해서 말이다……,

조금 전만 해도 태양은, 복잡한 빛과 황금으로 모든 것을 두 배, 세 배, 백배로 더 위대하고 좋게 보이게 했고, 이제 황혼의 긴 변이(變移) 없이, 모든 것을 외롭고 가난해지도록 내버려 두었다. 이는 마치 처음엔 금화(金貨)를 은화(銀貨)로, 다음엔 은화를 구리 동전으로 바꾼 듯하였다. 읍내는 녹이 슬어 어디에

내다 팔가치도 없는 양철판[06] 같았다. 거리들, 광장들, 탑, 산길들은 얼마나 처량하고 작았나?

거기 울타리 안에서 플라테로는 진짜 당나귀 모습을 잃고, 들쭉날쭉 오그라든, 다른 당나귀가 된 듯이 보였다…….

V · 오싹함

크고, 둥글고, 순수한 달이 우리와 함께 걷는다, 졸고 있는 초원들에서 어쩌면 흑염소들, 아니면, 그런 짐승들이 검은 딸기나무 숲 가운데서 보일 법하다……. 우리가 지나가니까 누군가가 조용히 숨어버린다……. 제방 위에 거대한 편도나무 한 그루, 꽃잎 광채와 달빛으로 하얗고, 우듬지에 흰 구름을 이고 있으면서도, 춘삼월 별들의 화살 세례를 받고 있는 도로를 비호하고 있구나. 코를 찌르는 듯한 오렌지 향기…… 습기와 정적…… 마녀들의 골짜기 ……

"플라테로야, 아주…… 춥지!"

플라테로는, 자신의 두려움, 아니면, 나의 두려움으로 인한 것인지, 구보(驅步)에 돌입하여, 개울로 들어가, 달을 밟고

---

06 'perro chico 작은 개'라고 원문에 적혀 있는데, 흔히 너절한 것을 경멸조로 그렇게 일컬을 수 있다.

그것을 산산 조각내어 버린다. 그것은 마치 한 무리의 밝은 수정(水晶) 장미들이 구보하는 다리에 휘감기어 그를 잡아 두려는 것 같았다……

그리고 플라테로는, 마치 누군가가 그를 따라잡는다는 듯이, 엉덩이를 바싹 움츠리며 언덕 위로 내뺀다…… 벌써 그는 그 부드러운 따스함을 느끼고 있는데, 그건 바로 가까이 다가오고 있는, 그가 도달하지 못할 것 같은 읍내의 온기이다……

VI · 유치원

플라테로야, 만약 네가 다른 아이들과 함께 유치원에 갈수 있다면 말이다, 너는 알파벳을 배우고 꼬부랑글씨를 갈겨쓸 텐데. 너는 납세공(蠟細工)된 당나귀만치 많은 것을 알 텐데 말이다, 그 당나귀는 인어(人魚)의 초록 바다 환경 속에 있는 온통 분홍빛 피부색과 금빛을 보여주는 수정을 통해, 인조 꽃들의 화관을 쓰며 나타나는 인어(人魚)의 친구지. 그리고 너는, 플라테로야, 팔로스(Palos)[07]의 의사와 사제보다 더 많이 알게 될 텐데 말이다.

---

07 안달루시아(Andalucía)에 있는 항구 도시로 미 대륙을 발견하기 위해 콜럼버스가 출항 했던 곳이다.

그런데 너는 네 살밖에 안 되었지만, 덩치는 크고 얌전하지 않구나! 어느 의자에 가서 앉고, 어느 책상에서 글씨를 쓰며, 어느 노트나 어떤 펜이 네게 알맞겠으며, 합창대 어느 위치에서, 그래, 사도신경을 영창(咏唱)할 수 있겠니?

아니다. 도미틸라(Domitila)—나사렛 예수 교단의 복장을 본받아, 바로 저 생선 장수 레이에스(Reyes)처럼, 노란 허리띠에 온통 보랏빛 차림을 한—부인이 아마도 너를 두 시간 동안 플라타너스 나무들이 즐비한 앞뜰의 한 구석에 무릎을 꿇고 앉아 있게 할 테지, 아니면, 그녀는 길고 가느다란 등나무 회초리로 너의 앞 다리들을 찰싹 찰싹 때리겠지, 아니면, 그녀는 네가 점심으로 가져 온 마르멜로 열매를 먹어 치우겠지, 아니면, 그녀는 너의 꼬리 밑으로 불타는 종이를 갖다 대고서 너의 귀를, 비가 오려고 할 때 십장(什長) 아들의 귀가 그리 되었듯이, 붉고 화끈거리게 하겠지……

아니다, 플라테로야, 아니다. 너는 나하고 같이 가야 해. 나는 네게 꽃들과 별들을 가르쳐 주겠다. 그러면 사람들은 더디 배우는 아이를 비웃듯이 너를 보고 비웃지 않을 것이다. 또는 마치 그들이 너를, 저 강 유람선들에서 보이는 당나귀[멍청이]라고 부르듯이, 남빛과 붉은 황토로 눈구멍 언저리를 칠하고 네 것보다 두 배는 더 큰 귀를 그린 바보 모자를 네게 뒤집어 씌우지 않을 것이다.

VII · 미친 사람

상복(喪服) 차림에, 나사렛 사람 같은 수염에, 가장자리 테가 좁은 검은 모자를 쓰고, 플라테로의 부드러운 회색빛 등에 타고 지나가는 나의 모습은 어떤 야릇한 구경거리를 제공했음이 틀림없다.

내가 포도원으로 가는 도중에, 햇빛을 듬뿍 받아 석회 칠이 유난히 흰 마지막 길들을 건너서 그 외곽으로 나가고 있노라면, 기름 땟국이 흐르고 헝클어진 머리를 한 집시 아이들이, 번지르르하고 햇볕에 탄 배를 초록색, 붉은색, 또 노란색 누더기 밖으로 내놓고, 우리를 따라오며 끈덕지게 소리를 지른다.

"미친 사람이다! 미친 사람이야!"

우리 앞에 벌써 초록빛 들판이 펼쳐져 있다. 그 불타는 쪽빛의 거대하고 투명한 하늘을 마주하고서, 나의 눈―내 귀로부터 그처럼 멀리서!―은 고귀하게 열리며, 그 고요한 눈초리 속으로 지평선의 무한함이 깃들어 있고, 필설로 다할 수 없는 저 평온함과 저 조화롭고 신성한 청량함을 반겨 맞는다…….

그리고 저 뒤쪽 먼 곳에서는 높은 음조의 외치는 소리들이, 미세하게 수그러들고, 더듬거리고, 헐떡이고, 나른하지만, 아직도 사라지지 않고 있다.

"미친 …… 사람! 미친 …… 사람!"

VIII · 유다

"이봐, 겁내지 말라니까. 왜 그러나? 자, 진정해…… 그들은 그저 유다[배신자]를 죽이고 있는 거야, 멍청이 같으니!"

그렇다, 그들은 유다를 죽이고 있다. 하나는 몬투리오 가(街)에, 다른 하나는 엔멘디오 가(街)에, 또 다른 하나는 시청 분수대에 갖다 놓았다. 나는 어제 저녁에, 그들이 마치 어떤 초자연적 힘에 지탱하여 공중에 뻣뻣이 서 있는 것을 보았다. 그러니까 그 어둠 속에서는 그 올가미로부터 발코니에 이르기까지 그들을 떠 받치고 있는 밧줄을 볼 수 없었거든. 청랑한 별들 아래, 오래된 실크해트와 숙녀의 소맷자락, 성직자의 가면, 테를 넣은 스커트라니, 그 무슨 기괴한 배합이란 말인가! 개들은 그들을 보고 짖으며 그곳을 떠날 줄 몰랐다. 그리고 말들은 의심스러운 눈초리로 그 밑으로 걷기를 거부했다…….

이제 성당의 종들이, 플라테로야, 그 대제단의 장막이 찢어졌음을 알리고 있단다. 나는 읍내에서 유다를 향해 쏘지 않은 총은 없다고 생각한다. 그 화약 냄새가 여기까지 진동하는구나. 탕, 또 한 방! 탕, 또 다른 한 방!

그런데 말이다, 오늘 날엔, 플라테로야, 그 유다는 다름 아닌 시의회 의원이고, 혹은 학교 여선생이고, 혹은 변호사이고, 혹은 징세관이고, 혹은 시장이고, 혹은 산파이다. 그리고 이 부활절 전 토요일 아침에, 막연하고 불합리한 봄철 제의적 환상에 감정이 전이되어, 남자는 저마다 어린애로 돌변하여 자신의 화를 북돋은 사람 누구에게나 비겁한 총을 발사하지.

IX · 이른 무화과

새벽은 안개가 끼고 싸늘했다. 이른 무화과를 따기에 안성맞춤이어서, 우리는 여섯 시에 그것들을 따 먹으러 리까(Rica) 농장으로 갔다.

수백 년 묵은 그 커다란 무화과나무들 밑에, 회색 몸통들은 스커트를 입은 듯, 그 차가운 어둠 속에서 자신들의 튼실한 사지들을 꼬고 있고, 밤은 아직도 잠에서 덜 깬 상태였다. 그리고 그 널따란 나뭇잎들—아담과 이브가 입었을 법 한데—은 작은 진주 방울들의 고운 망을 구축하여 그들의 연한 초록색이 백색으로 빛나게 한다. 망 속에서 그리고 낮게 늘어진, 취옥(翠玉)색의 나뭇잎 사이로 동이 트고 있음을 볼 수 있었다. 새벽은 점점 무색(無色)의 동녘 면사포들을 분홍빛으로 물들이고 있었다.

…… 미치도록 기뻐하며, 우리는 누가 제일 먼저 무화과나무에 도달하느냐를 두고 내기했다. 로씨요(Rocillo)와 나는 동시에, 숨이 차 헐떡이지만 웃으면서, 어느 무화과의 첫 잎을

움켜잡았다. "여기를 만져 봐." 그녀는 나의 손을 잡아 그녀의 손과 나란히 그녀의 심장에 올려놓았다. 그 위에 그녀의 어린 젖가슴은 붙잡힌 작은 파도인 양 오르락내리락 하고 있었다. 아델라(Adela)는 작고 통통해서, 거의 뛸 수 없게 되자, 저 뒤에 쳐져 골을 냈다. 나는 플라테로가 지루하지 않도록 몇 개 잘 익은 무화과를 따서 오래되고 편편한 나무그루터기 위에 올려놓았다.

아델라는 자신의 느림에 화가 나서, 무화과 던지기 싸움을 시작하는데, 그녀의 입술에는 웃음을 머금고 그녀의 눈에는 눈물이 고였다. 무화과 한 개가 내 이마를 때리고 으스러졌다. 로씨요와 나는 거기에 대응하여, 우리는 끊임없이 날카로운 소리를 지르며, 우리가 지금껏 입으로 먹은 무화과보다 더 많이 우리의 눈으로, 우리의 코로, 우리의 소맷자락으로, 우리의 목덜미로 먹었다. 우리의 고함소리들은 단속(斷續)적인 무화과들과 더불어 그 새벽녘의 서늘한 포도원들에 떨어졌다. 무화과 한 개가 플라테로를 맞혔고, 이제 그는 그 즐거운 광란(狂亂)의 표적이 되었다. 그 불운한 녀석은 자신을 방어할 수도 또는 마주 싸울 수도 없었기에, 나는 그의 편을 들었다. 그리하여 부드러운 푸른 우박이 사방에서, 빠른 산탄 사격인 양, 맑은 대기를 가로지르며 쏟아졌다.

대지(大地)로부터 힘이 빠지고 지친 두 겹의 웃음소리가 여성의 기권을 명백히 알렸다.

X · 삼종 기도

보아라, 플라테로야, 그처럼 많은 장미들이 도처에 떨어지고 있다. 푸른 장미, 분홍 장미, 흰 장미, 또 무색의 장미들이란다……. 너는 하늘이 무너져 장미들이 되고 있다고 생각하겠지. 나의 이마, 어깨, 손에 장미가 덮여 있는 모습을 보아라……. 나는 그 많은 장미로 무엇을 한다지?

너는 이 부드러운 꽃잎들이 온통 어디서 오는지 혹시 알고 있니 (나는 그들이 어디서 오는지를 알지 못하는데), 그것들은 날마다 이곳 풍경을 부드럽게 만들고—더 많은 장미로, 더 많은 장미로—무릎을 꿇고 앉아 하늘의 영광을 그렸던 수사(修士) 안젤리코의[08] 그림처럼, 분홍색, 흰색, 푸른 하늘색으로 풍경을 향기롭게 물들이고 있지 않니?

사람들은 저 천국의 일곱 하늘로부터 장미들이 이 땅 위로 던져진다고 생각하겠지. 어느 따스하고, 모호한 색을 띠며 내리는 눈처럼, 장미들은 부슬부슬 탑 위로, 지붕 위로, 나무들 위로 내려와 앉는다. 보라, 견고한 모든 것은, 그렇게 장식되니, 은은하게 부드러워진다. 더 많은 장미들, 더 많은 장미들, 더 많은 장미들……

---

08 수사 안젤리코(Fra Angelico)(1400-1455), 선과 색채의 순수함과 정신적 표현력이 돋보이는 기독교 초상화의 대가로 1982 년에 '복된 자 Beato'로 시복(諡福)되다

플라테로야, 저 삼종 기도 종이 울려 퍼지는 동안에, 여기 우리의 일상의 삶은 힘을 잃는다, 그리고 내면의 또 다른 힘, 더 고결하고, 더 항구적이고 순수한 힘이, 마치 은총의 샘물처럼, 이미 장미들 사이에 불을 밝히고 있는 별들에까지 모든 것을 솟아오르게 하는 듯하다……. 더 많은 장미들 …… 플라테로야, 네가 볼 수 없고, 네가 하늘을 향해 부드럽게 들어 올리고 있는, 네 두 눈이 두 송이의 아름다운 장미란다.

XI · 매장지

네가 말이다, 네가 나보다 먼저 죽는다면, 나의 플라테로야, 너는 아무도 사랑해주지 않는 저 가엾은 당나귀들이나, 말들, 개들처럼, 행상인의 낡은 수레에 실려, 거대한 늪지로도, 산길 옆의 협곡으로도 실려 가지 않을 것이다. 너는, 주홍빛 석양을 배경으로 널브러져 있는 보트의 잔해처럼, 까마귀들에게 살이 뜯겨 피 묻은 앙상한 갈비들이 노출된 채, 새벽 여섯 시 싼 후안(San Juan)역으로 가는 여행객들에게 추한 구경거리가 되지 않을 것이다. 또는 도랑의 썩은 대합조개들 사이에서 부풀어 오르고 빳빳해진 몰골이 되어, 가을철 일요일 오후 소나무 숲에서 잣을 구워 먹기 위해 나들이 나와 경솔하고 호기심 가득히 나뭇가지들을 꼭 붙잡고, 그 언덕 가장자리 너머로 굽어보는 어린아이들을 놀래 주지도 않을 것이다.

평안하게 살아라, 플라테로야. 나는 네가 무척 좋아하는 라 피냐(La Piña) 과수원에 있는 크고 둥근 소나무 밑에 파묻을 것이다. 너는 명랑하고 고요한 생명과 나란히 머물러 있게 될 것이다. 거기서 소년들은 놀이를 하고 소녀들은 낮은 의자에 앉아 네 옆에서 바느질을 할 것이다. 너는 그 고독이 나의 마음속에 영감을 불러일으켜 읊조리게 하는 시구(詩句)들을 듣게 될 것이다. 너는 좀 더 나이 든 처녀들이 그 오렌지 숲에서 빨래를 할 때 그들이 노래하는 소리를 듣게 될 것이고, 그 물레바퀴 소리는 너의 영원한 안식에 기쁨과 위로가 될 것이다. 그리고 일 년 내내 그 금빛 도요새들과 방울새들, 초록빛 때까치들은 너 위로, 전혀 시들지 않는 푸른 나무 꼭대기에다, 너의 평온한 잠과 모게르의 늘 무한히 푸른 하늘 사이에 음악으로 작은 천정을 만들어 줄 것이다.

XII · 가시

말의 방목장에 들어섰을 때, 플라테로는 절뚝거리기 시작했다. 나는 [나귀 등에서] 내렸다……

"그런데, 이 녀석아. 왜 그러느냐?"

플라테로는, 힘도 없이 무게도 없이 그의 오른 쪽 앞다리를 조금 치켜들어 제차(蹄叉)[09]를 보여주고, 발굽은 그 도로의 뜨겁게 달아오른 모래에 닿지 않았다.

나는, 늙은 수의사 다르본(Darbón)보다 물론 더 조심스럽게, 그의 앞다리를 구부려 붉은 상처를 들여다보았다. 길고 뾰족한 초록빛 가시 한 개가, 어느 건강한 오렌지 나무에서 떨어져 나와, 둥근 에메랄드 단도처럼 거기 박혀 있었다. 나는, 플라테로의 고통에 충격을 받아, 그 뾰족한 것을 확 잡아 뽑았다. 그러고 나서 나는 그 가엾은 녀석을 노란 나리꽃들이 피어 있는 시냇가로 데리고 가서, 흐르는 냇물의 길고, 순수한 혀로 그 작은 상처를 핥아 주게 하였다.

그런 연후에 우리는 흰 바다 쪽으로 계속 걸어 나가는데, 내가 앞장서고, 그는 뒤에서 아직도 쩔뚝거리며, 이마를 부드럽게 내 등에 부딪치곤 하였다……

---

09 말발굽 중앙의 연골(軟骨)이다.

XIII · 제비들

저기에, 플라테로야, 몬테마요르의 성모(la Virgen de Montemayor)[10] 그림 위, 지금껏 아무도 손대지 않은 회색 둥지에 검은 깃털을 하고 활기차게 그녀가 와 있단다. 그 가엾은 것은 혼란에 빠진 듯하구나. 내 생각에, 이번에는 가엾은 제비들이 실수를 저질렀어, 마치 닭들이 지난주, 오후 두 시에 일식(日蝕)이 나타나자, 은신처로 후퇴하는 실수를 범했지. 봄은 올해 더 일찍 일어나는 교태를 부렸지만, 이내 덜덜 떨면서, 춘삼월의 구름 낀 침상 속으로 다시 기어 들어가 자신의 부드러운 나체를 감싸야만 했어. 오렌지 숲의 처녀다운 장미들이 봉오리인 채 시드는 것을 보는 것은 얼마나 가슴 아픈 일인가!

제비들은 벌써 여기 와 있단다, 플라테로야, 하지만 예년처럼 그들의 소리를 좀처럼 들을 수 없단다. 그때 그들은 도착 첫 날부터 잔물결을 이루듯 끊임없이 지지배배 하며 모든 것에 인사하고 기웃거렸는데 말이다. 그들은 아프리카에서 본 모든 것을 꽃들에게 얘기하곤 했고, 가끔 한 날개를 돛으로 삼아 물 위에서 떠다니거나, 혹은 배들의 삭구(索具)에 타고 바다를 건너가는 두 여행에 대해서 말해주곤 했지. 또 다른 저녁노을들을, 또 다른 아침노을들을, 별이 찬란한 또 다른 밤들을

---

10 스페인 작가 몬테마요르 가문의 한 농장 사당에 보존되어 있다.

묘사해 주곤 했지……

이제 그들은 무엇을 할지 모르고 있다. 그들은 방향을 잡지 못하고, 마치 개미들이 어떤 어린아이가 그들의 통로를 발로 짓밟아 버려 우왕좌왕 기어 다니듯, 말없이 이리저리 날아다닌다. 그들은 감히 누에바 거리를 따라 한결같은 일직선으로 오르락내리락 하는 멋진 묘기를 보여주지도 못하고, 우물 안에 있는 자신들의 보금자리를 찾아가지도 않는다. 또는 북풍으로 인해 윙윙거리고 있는 전신줄들에, 고전적 편지전달자의 이미지에 알맞게, 그 흰 자기 절연체들과 나란히 앉지도 않는다. 그들은 추위로 얼어 죽겠다, 플라테로야!

XIV · 마구간

내가 정오에 플라테로를 찾아가 보면, 낮 열두시의 투명한 햇살이 그의 등의 부드러운 은빛 표면에 커다란 금빛 원을 점화(點火)한다. 그의 복부 밑, 초록빛이 감도는 어스름한 바닥은 모든 것을 에메랄드빛으로 물들이고 있는데, 그 위로 낡은 천정에서 밝은 불꽃같은 동전이 쏟아지고 있다.

플라테로의 뒷다리들 사이에서 몸을 길게 늘어트리고 있던 다이애나가 내게 춤추며 다가와 나의 가슴팍에 그녀의 앞발을 올려놓고 그녀의 분홍빛 혀로 나의 입을 핥으려 한다. 여물통의 가장 높은 곳에 걸터앉은 암염소는 숙녀처럼 세련된 머리를 이리저리 돌리며 나를 호기심 있게 바라본다. 그러는 동안, 내가 들어가기 전에 이미 한차례 세차게 울음소리를 내며 내게 인사를 건넸던 플라테로는 강인하면서도 명랑한 태도를 보이며 그의 밧줄을 끊어 버리려고 한다.

하늘 꼭대기의 무지개 보물을 가져다주는 천정의 채광창을 통해 나는 한순간 이 친숙한 분위기에서 벗어나 하늘로 그 광선을 따라간다. 그 다음 나는 큰 암석에 올라 산야를 바라본다.

그 초록빛 경관은 달빛에 뒤덮여 향기로운 잠에 취한 듯 헤엄치고 있고, 초라한 벽으로 둘러싸인 청명한 창공에는 성당의 종소리가 한가롭고 달콤하게 울려 퍼지고 있다.

XV · 거세된 망아지

그는 풍뎅이나 까마귀처럼 온통 은빛이면서도 진홍빛, 초록빛, 또 오색찬란한 푸른빛이 감도는 검정말이었다. 젊은 눈에는 생생한 불길이, 마르케스 광장의 군밤 장수 라모나(Ramona)의 솥의 불처럼 이따금씩 붉게 이글거렸다. 그가 프리세타 거리의 모랫길에서 누에바 거리의 포장도로에 보무당당하게 들어섰을 때, 달가닥거리는 발굽 소리는 얼마나 멋졌나! 작은 머리와 노를 저어 가듯 날씬한 다리들을 내보이며 그는 얼마나 민첩하고, 얼마나 늠름하고, 얼마나 총명해 보였던가!

고귀하게, 자유롭고 긍지 가득한 걸음걸이로, 그는 포도주 양조장으로 가는 낮은 문을 지나가는데, 눈부신 배경으로서 통로 쪽을 향해 있고, 붉은 태양 같은 내성(內城)을 배후로 했을 때보다 그의 모습은 더 검었다. 그러고 나서 그는 문지방 역할을 하는 소나무 통나무를 뛰어넘어, 초록빛 안마당에 즐거움, 닭들, 비둘기들, 또 참새들의 놀란 소리가 가득하게 했다. 거기서 그를 기다리고 있던 것은 컬러풀한 반소매 셔츠 위로 털투성이 팔짱을 한 네 남자였다. 그들은 그를 후추나무 밑으로 데리고 갔다. 처음 한순간은 다정하다가, 이내 사나워지고 잠깐 거친 싸움 끝에, 눈을 가린 채, 그들은 그를 퇴비 더미 위로 끌어다 놓고, 모두 그의 위에 올라타고 있는 동안, 수의사 다르본(Darbón)은 할 일을 다하여, 그 망아지의 애처롭고 마력적 아름다움에 종지부를 찍었다.

> 사용 안 된 그대의 미(美)는 그대와 더불어 묻혀야 하고,
> 사용되면, 그것은 미래의 집행자로 산다.[11]

---

11 Sonnet IV의 두 마지막 행들: "Thy unused beauty must be tombed with thee, /Which usèd lives th' executor to be" 우리가 자연으로부터 부여받은 미

셰익스피어는 이렇게 그의 친구에게 말하고 있지.

……종마(種馬)는 이제 보잘것없는 불깐 말이 되어, 저기 힘없이, 땀 흘리며, 지치고 애처롭게 늘어져 있었다. 다만 한 남자가 그를 일으켜 세우고, 담요를 덮어 주고는, 천천히 그를 데리고 거리를 따라 내려갔다.

가엾은 헛된 구름, 어제는 옹골차고 단련된 햇살이었는데! 그는 책등이 풀어진 책 같았다. 그는 더 이상 발을 땅에 붙이지 않는 것 같았다. 그의 편자와 포석(鋪石) 사이에 어떤 새로운 요소가 그를 격리시키는 것 같았다, 그는 의미가 없는 존재 같고, 뿌리가 뽑힌 나무 같고, 그 격렬하고 손대지 않은 찬란한 봄날 아침의 어떤 기억과 같았다.

XVI · 맞은편 집

플라테로야, 내 유년 시절에 길 건너편의 집은 얼마나 항상 황홀한 모습이었나! 먼저, 리베라 거리에 있던, 물장수 아레부라의 작은 집, 언제나 햇빛으로 찬란하고, 남쪽으로 향한 그 앞

또는 재능을 공유하고 유익하게 쓸 때만 유산 집행의 풍요로운 결과가 남게 된다는 의미다.

뜰에서 나는 그 어도비 벽돌담에 기어 올라가 우엘바(Huelva)[12]를 바라보곤 했지. 나는 때때로 허락을 받고 잠시 그 집에 가 보았지, 아레부라의 딸—그때는 성숙한 여인으로 보였고, 이제는 결혼한 지 꽤 되지만, 아직도 그전처럼 보이는—이 나에게 아잠보아[13] 레몬을 주고 키스하곤 했어……. 그 다음엔, 누에바 거리—얼마 후에 까노바스로, 다음엔 프라이 후안 페레스로 개명되었지—에 세비야 출신의 과자점 주인 돈 호세의 집이 있었는데, 그가 신은 번지르르한 금빛 염소 가죽 장화가 내 눈을 눈부시게 했고, 그는 안뜰의 용설란에 달걀껍질들을 걸어 두었고, 현관문을 샛노랗게 페인트칠을 하고 거기에 청록색 줄무늬를 넣었고, 그가 가끔 나의 집에 오면 아버지는 그에게 돈을 주었고, 그는 언제나 아버지에게 올리브 숲에 대해 얘기하곤 했다……. 돈 호세의 지붕 위로 뻗쳐올라 간 후추나무에는 참새들이 득실거렸고, 발코니에서 보였던 늙은 후추나무는 얼마나 많은 내 유년 시절의 꿈들을 가볍게 흔들어 주며 육성하였던가! 후추나무가 내겐 두 그루였는데, 그 둘을 내 마음속에서 합쳐 놓을 수가 없었다. 내가 발코니에서 본 하나는 바람에 휘날리고 있거나 햇빛을 받아 밝게 비치곤 하였다. 다른 하나는 돈 호세의 양계(養鷄) 마당에서 줄기 옆에 서서 보았다…….

---

12 안달루시아에 있는 우엘바 현의 수도.

13 일종의 마르멜로 과실나무.

청명한 오후마다, 비 오는 낮잠 시간마다, 매일같이 또는 매 시간마다 아주 조금씩 변화하는 길 건너편 집을, 그 거리의 조용함 속에서, 안뜰 쇠창살문에서, 창문에서, 발코니에서, 내가 바라보면, 그것은 얼마나 흥미롭고 얼마나 각별한 매력을 지녔나!

XVII · 바보 아이

우리가 싼 호세 길을 통해 집으로 돌아올 때면 의례히 그 바보 소년은 그의 집 문밖에서 작은 의자에 앉아 사람들이 지나가는 것을 바라보곤 했다. 그는 말의 능력이나 우아함이라는 은사(恩賜)를 결코 받지 못한 그런 가엾은 애들 중 하나였다. 명랑한 아이였지만, 보기에 가여웠다. 어머니에게는 모든 것이었다면, 그 외의 다른 사람들에게는 아무것도 아니었다.

어느 날, 사악한 검은 바람이 흰빛 거리를 지나가고 난 후, 나는 그 소년을 현관에서 보지 못했다. 새 한 마리가 그 고적한 문지방에 앉아 노래하고 있었고, 시인으로서보다도 아버지로서의 꾸로스(Curros)[14]가 기억났는데, 그는 자식을 잃은 것

---

14 Manuel Curros Enríquez (1851-1908)는 갈리시아 방언으로 시를 썼다.

을 애도하며, 갈리시아의 나비에게 그에 대한 소식을 물었다.

Volvoreta d'aliñas douradas…….

금빛 작은 날개를 가진 나비야…….

봄이 다가오고 있는 지금, 나는 싼 호세 길에서 천국으로 올라간 그 바보 소년을 생각한다. 그는 틀림없이 비할 바 없이 아름다운 장미들 옆 작은 의자에 앉아, 다시 한 번 열린 새로운 눈으로 영혼들의 황금빛 행렬을 보고 있을 것이다.

XVIII · 유령

버터 장수 아니야[15]한테는 유령으로 분장하는 것이 주된 오락거리였고, 열렬하고 발랄한 청춘은 짜릿짜릿한 장난들을 끝없이 쏟아 내는 원천이었어. 그녀는 자신을 온통 흰 천으로 감싸고, 이미 백합같이 흰 얼굴에 밀가루를 덧바르고, 치아에 마늘쪽 같은 것들을 덧붙이곤 했다. 그리하여, 우리가 저녁 식사 후, 우리 집의 작은 응접실에서 반쯤 졸고 있을 때면, 등불을 든 그녀가 갑자기 대리석 계단에 나타나서, 천천히, 인상적으

15 "La Manteca 버터"는 버터를 만드는 또는 판매하는 여자를 뜻하고 있다.

로, 그리고 조용히 걸어가는 것이었다. 그렇게 변장을 한 까닭에, 그녀의 나체는 그대로 옷이 된 듯하였다. 정말 그랬다. 그녀가 높고 어두운 곳에서 끌어내린 무덤 같은 환상은 전율을 일으키기에 충분했지만, 동시에 그녀의 흰 모습은 홀로 어떤 걷잡을 수 없는 관능적 매력으로 충만해 보였어…….

플라테로야, 나는 저 9월의 밤을 결코 잊지 못할 것이다. 근 한 시간 동안 천둥번개가 치는 마을에, 폭풍우가 어느 병든 심장처럼 쿵쾅거리며 우박과 비를 흩뿌리고 있었다. 빗물 저수지가 이미 넘쳐흘러 물이 뜰을 뒤덮었다. 마지막 익숙한 음향들—저녁 아홉시 마차, 저녁 종소리, 우편배달부—이 벌써 지나갔다……. 나는 몸을 떨며 무얼 좀 마시려고 부엌으로 가는데, 번개가 초록 흰빛을 번쩍할 때, 벨라르데 가문의 유칼립투스 교목(喬木)—우리가 빼꾸기 나무라고 부른 그 나무가 간밤에 쓰러졌다—이 헛간 지붕에 완전히 꺾여서 널브러져 있는 것을 보았다…….

갑자기, 무시무시하고 날카롭게 우지끈하는 소리가, 마치 우리를 눈멀게 해 버린 그 빛의 비명의 그림자처럼, 온 집을 뒤흔들었다. 우리는 모두 저마다 한순간 이전과는 다른 위치에 서 있었고, 또 저마다 홀로인 양, 다른 사람들에 대한 어떤 염려나 감정을 느낄 여지가 없었다. 한 사람은 두통을, 다른 한 사람은 눈의 통증을, 또 다른 이는 가슴의 통증을 호소했다…… 얼마 지나서 각자는 먼저 있던 자기의 자리를 되찾아

갔다.

폭풍우는 물러가고 있었다…… 밑과 위가 갈라진 커다란 구름들 사이로 달은 안뜰을 온통 채운 물 위로 흰 불빛을 쏟아 붓고 있었다. 우리는 걸으면서 모든 것을 관찰하며 있었다. 로드[개 이름]는 그 뜰에 있는 층계로부터 왔다 갔다 하면서 미친 듯이 짖어 댔다. 우리는 그를 따라갔다, …… 플라테로야, 벌써 계단 밑에 왔는데, 습기가 차서 고약한 냄새를 풍기는 밤의 꽃[16] 옆에, 가엾은 아니야가 유령의 옷차림을 하고, 번개에 시커멓게 탄 손엔 아직도 켜 있는 초롱 등불을 쥔 채, 죽어 있었단다.

XIX · 주홍빛 풍경

산꼭대기. 여기 지는 해가 자신의 수정 창들에 의해 상처를 입고, 모든 정맥에서 피를 뿜어 온통 자색으로 물들여져 있다. 무딘 초록빛 소나무 숲은 그의 광채를 받아, 희미하게 붉은색을 띤다. 그리고 홍조 띤 투명한 풀들과 꽃들에서 침투하고 번쩍이는 본질이 발산하여 그 고요한 순간을 가득 채운다.

---

16 flor de noche, 보통 'Dama de Noche 밤의 숙녀'로 알려진 특정한 꽃.

나는 황홀하게 석양에 사로잡혀 있다. 플라테로는 검은 눈이 낙조에 주홍빛으로 물들여진 모양을 하고, 진홍색, 분홍색, 보라색 물웅덩이를 가만히 걸어간다. 그는 부드럽게 입술을 그 거울 속에 담그는데, 그것은 그가 접촉하자마자 액체로 변하는 것 같다. 그의 큰 목구멍으로 그늘진 핏빛 물살이 풍부히 흘러내리는 것이다.

그 장소는 익숙한 곳이다. 그러나 그 순간이 그것을 완전히 변화시키고 낯설게 하여, 어떤 기념비적인 유적지로 만들어 준다. 그것은 마치 우리가 매 순간 방치된 궁전을 발견해야 할 것처럼 말이다……. 저녁은 일상적 경계를 넘어 확장하고 있고, 그 시간은 영원으로 물들어져, 무한하고, 평화롭고, 헤아릴 길이 없이 깊다…….

"자, 가자, 플라테로야."

XX · 앵무새

우리는 플라테로와 앵무새와 함께, 나의 친구인 프랑스인 의사의 과수원에서 놀고 있을 때, 머리가 흐트러지고 근심 가득한 젊은 여인이 언덕을 내려 우리가 있는 곳으로 왔다. 우리 곁으로 다가오기 전에, 그녀는 고민에 찬 검은 눈을 나에게 고정시키고는 간절히 묻는 것이었다.

"젊은 양반, 그 의사가 여기 있나요?"

누더기 옷을 걸치고 그녀를 따라온 아이들이 몇 명 있었는데, 그들은 헐떡이며 수시로 그 길을 올려다보곤 하였다. 드디어, 여러 사람이 창백한 얼굴에 사지가 축 늘어진 한 사람을 들고 오고 있었다. 그는 수렵 금지 구역 도냐나에서[17] 사슴을 사냥하는 밀렵꾼이었다. 그의 엽총은 아프리카나래새 끈으로 엉성하게 묶은 낡은 총이었는데, 잘못 발사되어 그의 팔을 맞혔다.

나의 친구는 그 부상당한 사람에게 상냥하게 다가가서, 상처에서 너덜너덜한 천 조각들을 제거하고, 피를 닦아낸 다음, 그의 뼈와 근육을 짚어 보았다. 그러면서 간간히 내게 프랑스어로 말했다.

"쓰 네 리엥[18]" ……

저녁이 내려앉고 있었다. 우엘바로부터 소금기가 있는 습지, 타르. 생선의 냄새가 풍겨왔다……. 분홍빛 낙조를 배경으로 오렌지 나무들은 둥글고 두꺼운 에메랄드빛 비로드를 펼쳐 보였다. 자색과 연초록의 라일락 관목 숲에서, 초록색과 붉은색을 띤 앵무새는 작고 둥근 눈으로 우리를 매우 호기심 있

---

17 Huelva와 Cádiz 사이에 있는 숲으로 금렵지구, 현재는 국립공원이고 야생동물 보호지역.

18 "Ce n'est rien, 괜찮아, 아무것도 아냐."

게 노려보며 이리 저리 다녔다.

가엾은 사냥꾼의 얼굴에 흐르는 눈물에 햇빛이 반짝였다. 이따금씩 그가 꾹 참는 신음소리가 들리기도 했다. 그러자 앵무새가 말했다

"쓰 네 리엥"

나의 친구는 솜으로 상처를 치료하고 붕대를 감아 주었다…….

그 가엾은 남자가 말했다.

"아야!"

그러자 앵무새는 라일락 숲속에서 말했다.

"쓰 네 리엥…… 쓰 네 리엥……"

XXI · 옥상

플라테로야, 너는 아직 한 번도 이 옥상에 올라와 본 적이 없지. 작고 컴컴한 나무 층계를 지나 거기에 올라가면, 대낮의 가득한 햇빛 속에서 그슬리고, 천당 옆에 와 있는 듯이 푸름 속에 빠져 버린단다, 또 눈부신 백회(白灰)의 흰색에 의해 눈이 먼 듯이 느낀단다. 너도 알다시피, 그 슬레이트 표면을 흰 회로 바른 것은 빗물이 저장 탱크에 깨끗하게 도달하도록 하기

위한 것이다.

옥상은 얼마나 즐거운 곳인가! 성당 종탑의 종소리는, 더 힘차게 뛰는 우리 가슴과 같은 수준에서, 우리의 마음속에서 울려 퍼진다. 저 먼 포도원들에 은빛과 햇빛의 섬광으로 번득이는 괭이들이 보인다. 여기서 모든 것을 내려다 볼 수 있다. 다른 옥상들, 망각된 사람들—마구(馬具) 제조자, 도장공, 통장이—이 저마다 자기 생업에 매달려 열심히 일하고 있는 안뜰들, 농장 마당에 황소나 염소와 함께 있는 나무들, 가끔 작고 검게 차려 입은 제삼계급의 눈에 띄지 않는 장례행렬이 도착하는 공동묘지, 처녀가 아무렇지 않게 잠옷 바람으로 머리를 빗고 노래를 부르며 있는 창문들, 항구에 전혀 도달할 것 같지 않은 배가 떠 있는 강, 어느 고적한 음악인이 그의 코넷을 연습하고 있는 헛간들, 또는 열정적 사랑이 충만하고 맹목적이고 은밀한 수작들을 펼치는 헛간들…….

집은 지하실처럼 깊숙이 사라진다. 유리 채광창을 통해 내려다볼 때, 저 아래편의 일상생활은 얼마나 기묘하게 보이는 것인가. 말들, 음향들, 정원까지도, 그 유리한 지점에서 내려다보면, 그처럼 아름답구나! 그리고 플라테로야, 나를 보지 못하면서 우물가의 물통에서 물을 마시거나 바보같이 참새나 거북과 장난을 치고 있는 너도 말이다!

XXII · 귀가

우리 둘은 짐을 잔뜩 짊어지고 산에서 내려오고 있었다. 플라테로는 백단향을, 나는 노란 난초를 가지고 있었다.

4월 저녁이 내려앉고 있었다. 석양빛에 수정처럼 맑은 금빛인 모든 것이 이제는 수정처럼 맑은 은빛이 되고, 수정처럼 맑은 흰 백합들의 부드럽게 빛나는 우의(寓意)가 되었다. 얼마 후, 그 광활한 하늘은 투명한 사파이어 같다가, 에메랄드로 전환되었다. 나는 귀가하면서 슬펐다…….

비탈길 위에서 보니, 빛나는 기와들을 왕관처럼 쓰고 있는 읍 성당 종탑은 순수하게 고양(高揚)된 시간 속에서 이미 기념비적 면모를 취하고 있었다. 가까이에서 올려다보았을 때, 그것은 멀리서 본 어느 히랄다(Giralda)[19] 탑과 비슷하였고, 봄철을 맞아 예민해져 있는 도시에 대한 나의 향수는 종탑에서 우울한 위로를 받았다.

귀가…… 어디로? 어디로부터? 무엇 때문에? 그러나 나와 함께 온 난초들은 막 시작된 밤의 따스한 신선함 속에서 훨씬 짙은 향기를 발하고 있었다. 이제 그들의 향기는 가슴속으로 더 파고들고, 동시에 더 흐릿하였다. 하긴 그것은 꽃은 꽃이되, 보이지 않는 꽃에서 우러나오는 것이었다. 그것은 향기만

19 세비야 성당 종탑.

을 지닌 꽃으로 고적한 어둠속에서 몸과 영혼을 도취시켰다.

"나의 영혼이여, 어둠속의 난초이어라!" 하고 나는 말했다. 그리고 나는 갑자기 플라테로에 대해 생각하고, 그가 바로 내 밑에 있음에도, 나는, 그가 내 몸인 것같이, 깜빡 잊고 있었다.

XXIII · 잠긴 쇠창살 문

우리가 디에스모 포도주 저장실에 갈 때마다, 나는 언제나 싼 안토니오 로(路)의 담을 따라 걸었고, 그리하여 확 트인 들판을 조망할 수 있는 잠긴 쇠창살문에 도달하곤 했다. 나는 얼굴을 그 쇠창살에 대고, 어떻게든 호기심에 찬 눈으로 시선이 닿는 데까지 좌우를 살펴보곤 했다. 발길에 짓밟혀 닳아지고, 쐐기풀과 당아욱에 파묻힌 문턱에서 시작한 오솔길이 아래쪽으로 뻗어 내려가다가 앙구스티아스 로(路)에 합쳐진다. 그 길 담 밑으로는 내가 단 한 번도 걸어 본 적이 없는, 넓고 낮은 길이 있다.

창살문의 경계 넘어 있는 풍경과 하늘을, 그 철창 틀을 통해 본다는 것은 얼마나 황홀한 매력인가! 그것은 마치 환상의 천정과 벽이 모든 곳의 조망을 차단하여, 오직 그 굳게 잠긴 쇠창살문을 통해서만 가능한 듯하였다……. 그리하여 볼 수 있었다, 연기에 그을린 포플러 나무들과 다리가 있는 신작로를, 그 벽돌 가마를, 팔로스(Palos) 지역의 낮은 산들을, 우엘바의 증기선(蒸氣船)들을, 그리고 땅거미가 질 무렵에는 리오틴토 부두에 켜진 불들을, 또 석양의 마지막 진홍색을 배경으로 커다랗게 홀로 서 있는 로스 아로요스(Los Arroyos) 읍의 유칼립투스 교목을…….

포도주 저장실의 일꾼들은 웃으면서 내게 그 쇠창살문엔 열쇠가 없다고 말하곤 했다……. 나의 꿈속에서, 전달 통로가 없는 상념(想念)의 변화를 겪으며, 창살문은 가장 찬란한 정원들로, 가장 경이로운 정원들로 열어 주었다……. 그리고 내가 언젠가 한 번 꿈꾼 악몽을 신뢰하여 그 대리석 층계를 날아서 내려가려고 시도했던 바와 같이, 아침나절에 수천 번, 그 뒤에서 나의 환상—의식적이든 무의식적이든—이 실제와 뒤섞어 만든 것을 발견하기 위하여 그 창살문으로 갔다.

XXIV · 돈 호세, 신부(神父)

지금, 플라테로야, 그가 입술에 꿀 바르고 꿀방울 같은 말을 던지며, 위엄에 찬 모습으로 걸어오고 있다. 그러나 정말 언제나 천사다운 것은 '안주인(la señora)'인 암탕나귀다.

그가 어느 날 과수원에서 마도로스 바지를 입고 챙이 넓은 모자를 쓰고, 오렌지들을 훔치는 조그만 소년들에게 욕설을 퍼붓고 조약돌을 던지는 것을 네가 보았다고 생각한다. 또 금요일에 머슴 발타사르가 초라한 빗자루들을 팔거나, 초상난 부잣집에 다른 가난한 사람들과 합세하여 기도를 드리기 위해 그의 서커스 풍선만큼이나 큰 탈장을 질질 끌고 읍내로 타박타박 걷고 있는 것을 천 번은 보았겠지…….

나는 지금껏 그보다 더 더러운 입을 가진 사람도, 하늘을 향해 그보다 더 저주를 퍼붓는 사람도 보지 못했다. 맞다, 그는 의심할 바 없이 잘 알고 있을 것이다—다섯 시 미사에서 그렇게 말하고 있듯이—저 위에 모든 것이 어디에 있고 또 어떤 모양으로 있는지를……. 나무, 흙덩이, 물, 바람, 밤나무 꽃—이 모두가 그처럼 은혜롭고, 부드럽고, 참신하고, 순수하고, 생동하는데, 그에게는 분명히 무질서, 무감각, 냉혹함, 광폭, 폐허의 예들인 것 같아. 맹렬한 적의(敵意)에 불탄 그가 새들, 빨래하는 여자들, 아이들 그리고 꽃들을 향해 던져서, 과수원에 있는 모든 돌들은, 매일 밤이 되면 저마다 다른 자리에서 쉬게 된다.

저녁 성당의 예배 때는 그런 모든 것이 바뀐다. 돈 호세의 침묵은 들판들의 침묵 속에서도 들린다. 그는 사제의 수단(soutana) 평상복을 입고, 그 위에 사제 망토를 걸치고, 챙 넓은 모자를 쓰고, 거의 주위를 쳐다보지 않고, 마치 예수가 죽음을 향해 가듯, 느린 암나귀를 타고 어둑한 읍내로 들어간다…….

XXV · 봄철

아, 얼마나 반짝이는 생기와 향기인가!
아, 얼마나 푸르른 대지의 기쁨인가!
아, 얼마나 즐거운 기쁨의 소리가 들리는가!
—민요

나의 아침잠이 어린아이들의 마귀같이 날카롭게 떠드는 소리에 깨고 나의 기분은 잡친다. 결국, 조금 더 잠들어 보려는 희망을 박탈당한 채, 나는 절망하여 침대에서 벌떡 일어난다. 그러고 나서 열린 창으로 바깥 대지를 응시하니, 나는 소란을 피우는 자들이 새들이었음을 깨닫는다.

나는 야채밭으로 나가 그 푸른 하늘의 신(神)에게 감사의 노래를 부른다. 새 부리들의 신선하고 끝날 줄 모르는 야외 음악회가 아닌가! 변덕을 부리는 제비는 샘터에서 물결처럼 출렁이듯 재잘재잘 노래한다. 지빠귀는 땅에 떨어져 있는 오렌지 위에서 휘파람을 분다. 열띤 노란 꾀꼬리는 한 호랑가시 덤불에서 다른 호랑가시덤불로 날아다니며 지지배배 한다. 방울새는 유칼립투스 교목 우듬지에 앉아 길고 잦은 웃음을 선사한다. 그리고 큰 소나무 위에는 참새들이 맹렬히 다투고 있다.

참으로 신나는 아침이다! 태양은 대지 위에 은빛과 금빛의 명랑함을 뿌린다. 백가지 색채의 나비들은 도처에서, 꽃들 사이로, 집 안팎을 들락거리고—이제는 샘물 위에서 나붓거린다. 들판 사방에서, 찰싹거리고 삐걱거리며 건강하고 새로운 삶을 터트린다.

이는 마치 우리가, 아마 어떤 거대한 화염처럼 불타는 장미의 심장인, 커다란 빛의 벌집 안에 있는 듯하였다.

XXVI · 수조(水槽)

수조를 보아라. 플라테로야, 그것은 근래 내린 빗물로 가득 차 있구나. 그것은 이제 메아리치지도 않고, 또는 물 높이가 낮을 때 바닥에 내려가, 채광창의 노랗고 푸른 창들 뒤에 다채로운 보석인 양 돌출되어 있는, 햇빛이 환한 전망용 퇴창(退窓)을 볼 수도 없어.

플라테로야, 너는 한 번도 그 수조 안으로 들어가 본 적이 없지, 나는 있어. 나는 수년 전, 사람들이 물을 다 퍼냈을 때, 내려가 보았단다. 들어봐, 거기엔 긴 통로가 있고 작은 방도 있단다. 내가 작은 방에 들어갔을 때, 들고 가던 촛불이 꺼졌고, 불도마뱀 한 마리가 내 손등으로 기어올랐단다. 끔직한 오싹함이 두 번, 즉 마치 단검 두 개가, 어느 해골 밑에 교차시켜 놓은 대퇴골 두 개처럼, 내 가슴을 이리 저리 가로지르는 것 같았어……. 그 작은 도시 밑은, 플라테로야, 온통 수조들과 지하통로들로 파여 있단다. 가장 큰 수조는 궁성(Castillo)의 옛 내성 광장에 있는, '늑대 도약'이라 불리는 안뜰에 있지. 가장 좋은 수조는 우리 집에 있는데, 그것의 연석은, 너도 알듯이, 희고 반들반들한 대리석 한 덩어리에서 떼어 만든 것이다. 성당의 지하 회랑은 쭉 뻗어 푼탈레스의 포도원까지 이르러서는 강 옆 들판으로 통하지. 병원에서 시작하는 통로는, 결코 끝나지 않기 때문에, 어느 누구도 그 전장(全長)을 추적할 마음을 먹지 못했다…….

나는 소년 시절에 옥상에서 수조로 무겁게 떨어지는 빗물의 흐느끼는 소리에 깨어, 비오는 그 긴 밤들을 기억한다. 그런 다음, 아침이 되면, 우리는 미친 사람들처럼 뛰어가서 그 빗물이 얼마나 높이 올라 왔는지를 보곤 하였다. 가장자리까지 차올랐을 때, 우리는 얼마나 경외(敬畏)를 느꼈고, 얼마나 소리쳤고, 또 얼마나 놀라워하였던가!

…… 이걸로 충분하다, 플라테로야. 나는 네게 이 깨끗하고 시원한 물을 한 양동이 가득 네게 주려고 해, 바로 그것은 코냑과 브랜디로 타 들어가 이미 녹초가 되었던 그 가엾은 비예가스가, 단번에 쭉 들이켰다는 그 양동이다…….

XXVII · 옴에 걸린 개

그는 여위고 콜록거리며 가끔 농장 정자로 오곤 하였다. 그 가엾은 것은, 고함소리와 돌팔매질에 익숙하여, 언제나 도망쳤다. 다른 개들까지도 그를 보고 이빨을 드러내며 으르렁거렸다. 그는 다시 한 번 정오의 햇살을 맞으며 천천히 그리고 슬프게 언덕 밑으로 내려가곤 했다.

어느 날 오후에 그는 디아나 뒤를 따라갔다. 내가 집에서 나왔을 때, 농장 관리인은, 어떤 기분 나쁜 감정에 복받쳐 엽총을 꺼내, 그를 향해 발사하였다. 내게는 그를 저지할 시간이 없었다. 그 비참한 짐승은 배에 한 방을 맞고 한순간 찢어지듯이 크게 울부짖고 어지럽게 맴돌더니 아카시아 나무 밑에서 죽어 널브러졌다.

플라테로는 머리를 쳐들고 그 개를 응시하였다. 디아나는 겁에 질려 이곳에 숨었다 저곳에 숨었다 했다. 농장 관리인은, 아마도 후회하는 심정에서, 어느 특정인을 상대로 하지 않고, 그의 회한을 억누르려는 시도에서 힘없이 분개하며, 그저 장황한 설명을 늘어놓고 있었다. 베일이 태양에 상복을 입히는 것처럼 보였다. 살해된 개의 성한 눈을 흐릿하게 만든 것이 작은 베일이었다면, 그것은 큼직한 베일이었다.

바다 바람에 온통 탈진한, 유칼립투스 교목들은 깊고 압도적인 침묵 속에서 근접하는 폭풍우를 보고, 점점 더 강렬하게 울고 있었다, 오후의 태양은 아직 황금빛으로 물든 경작지를 걸쳐 죽은 개 위로 침묵을 펼지고 있었던 것이었다.

XXVIII · 고요한 못

기다려, 플라테로야, 그게 싫으면 이 연한 초원에서 잠시 풀을 뜯고 있어라. 하지만 여러 해 동안 보지 못했던 이 아름다운 못을 내가 바라보게 해 다오……

태양이 못의 혼탁한 물을 뚫고, 푸름과 금빛을 뒤섞은 깊은 아름다움—제방 가에 핀 하늘색의 신선한 난초들이 황홀하게 응시하는 아름다움—을 얼마나 환하게 비추고 있는지를 보아라……. 거기에는 되풀이되는 미로로 내려가는 부드러운 융단 계단들이 있다, 또 환상적인 신화가 어느 생각에 잠긴 화가의 넘치는 상상력으로 이끌 법한 몽상적 면모들을 지닌 마술적 동굴들이 있다, 또 큰 초록색 눈을 가진 미친 여왕의 영원한 우수(憂愁)에 의해 만들어졌을 법한 욕정의 정원들도[20] 있고, 또 폐허가 된 궁전들도 있는데, 그중의 하나를, 석양이 고요한 해수에 사선으로 상처를 냈을 때, 내가 오후 바다에서

---

20 원문에 "jardines venustianos 비너스 정원들"은 '금성에서 온' 또는 '사랑의' 정원들이라고도 이해될 수 있다.

보았던 것이다……. 그리고 더 많은 것들, 더 많은 것들, 더 많은 것들. 달아나는 아름다움의 무한한 옷깃을 잡아당기는 가장 터무니없는 꿈이, 완전히 존재하지 않았을 어느 망각의 정원에서 고통에 젖은 봄철 어느 시간에 회상된 그림에서 훔쳐낼 수 있었던 그 모든 것을 말이다……. 모든 것이 아주 작지만, 멀리 있으니까, 아주 거대하다. 무수한 감정들을 여는 열쇠, 열에 들뜬 꿈들의 가장 오래된 마법사의 보물단지…….

이 못은, 플라테로야, 예전에 나의 심장이었단다. 나는 그렇게 느꼈거든, 막대하게 억눌린 화려한 고독 속에서 아름다운 독에 물든 것이라고 느꼈다……. 인간적 사랑이 그것에 상처를 입혀, 독에 감염되었던 피는, 그것의 제방을 열면, 4월의 가장 열려 있고 가장 금빛으로 물든 시간의 랴노스 개천처럼, 플라테로야, 순수하고, 깨끗하고, 부드럽게 흘러 나갔단다.

그럼에도, 때때로 핼쑥하고 오래된 손이 그것을 옛 못, 초록빛을 띠고 고적한 그곳으로 데려다 주니, 그리하면 그것은 마법의 지배하에 그곳에 머물러 제 정신을 잃고, 그 명료한 부름들에,[21] 셰니에의 목가 시에서 읽어 준 바와 같이, 일라스가 "고통을 덜기 위해" 알시드에 응답하듯이, "이해되지 않고 공허한 목소리로" 응답하고 있는 것이다.[22]

---

21 김소월의 시 〈초혼(招魂)〉 참조.

22 프랑스 시인 André Chénier(1762-1794)의 목가 〈윌라스 Hylas〉에 나오는 미소년 윌라스는 알시데스에 의해 사랑을 받고 있었으나 물의 요정들(nymphs)

XXIX · 4월의 목가(牧歌)

아이들이 플라테로와 함께 포플러 나무가 우거진 개울가로 갔었는데, 이제 그들은 객쩍게 웃으며 분별없는 짓거리들을 하면서 노란 꽃들을 잔뜩 싣고 그를 구보로 데려오고 있다. 저 밑에서 그들은 비를 맞았다.—금빛 은빛의 긴 실들로 푸른 초원을 가린 소나기구름, 눈물 머금은 칠현금처럼 긴 실들 위에서 무지개가 떨고 있다. 그리고 작은 당나귀의 흠뻑 젖은 모피에 얹힌 초롱꽃들에서는 아직도 빗물이 떨어지고 있다.

참신하고 상쾌한 감상적(感傷的)인 목가! 플라테로의 시끄러운 울음소리마저 비에 젖은 달콤한 짐 아래서는 부드러워진다! 이따금씩 그는 머리를 돌려 큰 입이 닿을 수 있는 꽃들을 잡아 뜯는다. 눈같이 희고 노란 초롱꽃들은, 한동안 초록빛이 감도는 입가의 침 속에 머물러 있다가는, 배띠를 맨 큰 복

에 의해 유혹되어 다시 나타나지 않았다. 이 다소 난해한 구절은 서정적 자아의 과거에 이룩될 수 없었던 연정이나 동경을 새삼스레 재현해 보려는 노력이 얼마나 애절하고 난감한 지를 시사해 주는 듯하다. 이 시의 다음 구절 참조.

'윌라스! 윌라스!' 하며 그는 천 번 또 천 번 소리친다.
그 소년은 멀리서 그의 목소리를 알아채고,
그 갈대 숲 밑에서부터, 그의 고통을 덜어주기 위해,
그에게 대답하나, 그 목소리는 알아들을 수 없이 희미하다.
("Hylas ! Hylas !" Il crie et mille et mille fois. Le jeune enfant de loin croit entendre sa voix, Et du fond des roseaux, pour adoucir sa peine, Lui répond d'une voix inentendue et vaine.)

부 안으로 서서히 들어간다. 플라테로야, 내가 너처럼 꽃들을 그저 먹을 수 있다면…… 그리고 아무 탈이 없다면 말이지!

애매모호한 4월의 오후……! 플라테로의 빛나고 생기에 넘치는 눈은 햇빛과 비의 한 시간을 온통 그대로 빼닮고 있다. 싼 후안 벌판 너머로 해가 지기 시작하자 실처럼 풀어 흩날리는 또 하나의 장밋빛 구름의 비가 보인다.

XXX · 카나리아가 날아간다

어느 날 초록빛 카나리아가, 나는 어떻게 왜 그런지를 모르지만, 새 장을 빠져나와 날아갔다. 그것은 어느 죽은 여인의 슬픈 유물이었는데, 나는, 그것이 배가 고프거나 추워서 죽을까 봐, 또는 고양이들의 밥이 될까 봐 염려해서, 해방시켜주지 않았다.

아침 내내 그것은 정원에 있는 석류나무들 사이로, 대문 옆에 있는 소나무로, 라일락 나무들 가운데로 날아다녔다. 아이들은 아침 내내 베란다에 앉아, 작은 노란 새의 이리 저리 조금씩 날아다니는 것에 온통 매혹되어 있었다. 플라테로는, 자유를 즐기며, 장미나무 숲 옆에서 한가로이 나비와 장난치고 있었다.

오후에, 카나리아는 큰 집의 지붕 위로 올라간 다음, 거기서 지는 해의 따스한 빛 속에서 가슴을 두근거리며 한동안 머물러 있었다. 갑자기 그것은 다시 쾌활한 모습으로 새 장에서 모습을 드러냈다.

정원에서는 모두가 얼마나 기뻐하였던가! 아이들은 펄쩍 뛰며, 새벽노을처럼 상기된 모습으로 웃으며 손뼉을 쳤다. 디아나는 목에 매어 딸랑거리는 방울 소리에 놀라 짖어 대며, 미친 듯이 그들을 따라다녔다. 플라테로는 즐거운 분위기를 간파하여 은빛 등살을 실룩거리고, 젊은 염소처럼, 앞발을 든 채 뒷발로 깡충거리며 어설픈 왈츠 춤을 추더니, 앞발로 서서는 그 투명한 부드러운 공기를 걷어찼다…….

XXXI · 악령

갑자기 단단하고 고적하게 울려 퍼지는 구보(驅步) 소리와 함께, 당나귀가 높이 이는 먼지로 인해 이중으로 더럽혀진 모습을 하고, 트라스무로 담길 모퉁이를 돌아 나타난다. 조금 후에, 작은 개구쟁이 소년들이 헐떡이며, 거무스레한 배들을 드러내며 흘러내리는 누더기 바지들을 끌어 올리며, 그를 향해 막대기들과 돌들을 던진다…….

그는 검고, 크고, 늙고, 뼈만 앙상한데—또 하나의 수석사제처럼—너무 앙상하여 털이 없는 피부에는 온통 뼈가 나올 법하다. 그는 멈추어 서서, 큰 강낭콩 같은 누런 이빨들을 드러내며, 큰 소리로 또 사납게, 볼품없는 노령에 어울리지 않는 힘을 쓰며 나귀 울음을 터뜨린다……. 그는 길 잃은 당나귀가 아니냐? 플라테로야, 너는 그를 모르냐? 저 볼품없고 사나운 구보로 누구로부터 달아나고 있는 것이냐?

그를 보자, 플라테로는 처음에는 두 귀를 쫑긋하게 세워 두 끝을 마주 붙인 다음, 한 귀는 떨어트리고 다른 한 귀만 세워 둔 채, 내 쪽으로 오더니, 거리 옆 도랑에 숨는 동시에 달아나고자 한다. 검은 당나귀는 그의 옆으로 다가와서, 그에게 비벼 대고, 그의 안장을 잡아당기고, 그의 냄새를 맡고, 수도원 담장 옆에서 울음을 터뜨리고는 트라스무로 아래쪽으로 빠르게 걸어간다…….

……더위 한복판에 모든 것을 변화시킬 것 같은 냉기가 감도는 이상한 순간이었는데—나인가? 아니면 플라테로인가?—마치 태양 앞의 검은 천의 낮은 그림자가 갑자기 골목길의 굴곡진 부분의 눈부신 고독을 덮어 버리는 것 같았고, 그곳의 공기는 갑자기 평온해졌다가는 이내 숨이 막히게 하였다……. 점점 저 먼 복귀명령이 우리를 현실로 돌아오도록 해 준다. 우리는 저 위 쪽의 어물 시장에서 이제 해변에서 막 도착한 상인들이 높고 낮은 목소리로 그들의 가자미, 붉은 숭어,

대구, 혀 넙치, 갑각류들을 선전하는 것을 들을 수 있다. 또 내일의 아침 기도에 초대하는 종소리도, 칼 가는 이의 경적 소리도 들려온다…….

플라테로는 아직도 이따금씩 떨고 있고, 우리 둘이, 이유는 잘 알 수 없지만, 함께 빠진 말없는 평온 속에서 겁에 질려 나를 바라보고 있다.

"플라테로야, 나는 그 당나귀가 당나귀가 아니라고 생각한다."……

그리고 조용히 있던 플라테로는 부드럽게 소리를 내며 다시 한 번 온몸을 부르르 떨고는, 암울하고 기운이 꺾여, 해자(垓字)가 있는 방향을 수줍게 바라본다.

XXXII · 자유

나의 눈이 길가에 핀 꽃들에 이끌리어 꿈꾸듯 방황하고 있을 때, 젖은 초록빛 초원에서 포로가 되어, 빛을 받아 번쩍이는 작은 새가, 다채로운 날개를 어떻게든 날아 보려고 끊임없이 퍼덕거려, 나의 주의를 끌었다. 우리는 천천히, 내가 앞장서고, 플라테로가 뒤따르면서, 그리로 다가갔다. 거기에는 그늘진 물구덩이가 있었는데, 몇 명의 신뢰할 수 없는 소년들이 새

그물을 쳐놓았다. 애처롭고 작은 후림새는 고통을 느끼면서도 계속 날기를 시도하면서 본의 아니게 하늘에 있는 형제들을 불러 대고 있었다.

아침은 맑고, 순수하고, 푸른빛으로 차 있었다. 그곳 가까운 소나무 숲에서는 열띤 지저귐의 가벼운 합창소리가, 나무 우듬지들을 흔들고 있는 온화한 금빛 해풍(海風) 속에서, 완전히 사라지지 않고, 가까이 왔다 멀리 갔다 하면서 울려 퍼졌다. 악한 마음에 그처럼 가까이서 가엾고 순진한 음악회가 펼쳐지다니!

나는 플라테로의 등에 올라타고, 나의 발로 그에게 앞으로 나가도록 재촉하며, 아주 빠른 구보로 우리는 그 소나무 숲으로 올라갔다. 우리가 우거진 잎들의 그늘진 지붕 밑에 도달했을 때, 나는 손뼉을 치며 노래했고 고함을 질렀다. 플라테로는, 분위기를 감지하고, 한두 번 거칠게 나귀 울음을 터뜨렸다. 그리고 깊숙하고 공명(共鳴)하는 메아리들이 마치 큰 우물의 깊이로부터 울어 나오듯 응답하였다. 새들은 노래하며 다른 소나무 숲으로 날아가 버렸다.

플라테로는, 작은 소년들의 격렬히 저주하는 소리들이 멀리서 들려오는 가운데, 털투성이 머리를 내 가슴에 비벼 대며, 내 가슴을 고통스럽게 할 때까지, 내게 감사하였다.

XXXIII · 집시들

플라테로야, 저들을 봐, 햇빛이 그득한 보도(步道) 위에, 마치 지친 개들이 꼬리까지 길게 늘어뜨리고 누워 있듯이, 다리를 쭉 뻗고 누워 있단다.

먼지투성이 조상(彫像)같은 젊은 여인은, 풍만한 구릿빛 나체가 진홍빛 초록빛 털 누더기 사이로 넘쳐 나는데, 솥바닥 밑처럼 시커먼 손으로 잡히는 대로 잡초들을 뜯고 있다. 온통 머리칼투성이 어린 소녀는 벽에 숯으로 추잡한 그림들을 그리고 있다. 어린 소년은, 분수가 그 수반(水盤)에 물을 뿌리듯, 자신의 배때기 위에다가 즐거움을 간청하듯 울며 오줌을 누고 있다. 어른 남자와 원숭이는 몸을 긁고 있는데, 전자는 투덜거리며 자신의 덥수룩한 머리를, 후자는 마치 기타를 켜듯 갈빗대를 긁어 대고 있다.

이따금씩 남자는 앉다가 일어나더니, 거리 한복판으로 가서, 어느 발코니를 바라보며 나른하게 그의 탬버린을 두들긴다. 소녀는, 작은 소년의 발길에 차이는 동안에도, 음탕한 욕설을 퍼부으며, 곡조도 없이 같은 음조로 노래를 흥얼거리고 있다. 그리고 원숭이는, 자기보다도 무거운 쇠사슬을 질질 끌며, 신호도 없이, 아무 이유도 없이 공중제비를 한 차례 하고는 길가 도랑으로 가서 어느 다른 것들보다 더 반들반들한 조약돌을 골라 찾는다.

오후 세 시다……. 역마차가 떠나 누에바 거리로 가고 있다. 햇빛만 있다.

"자, 플라테로야, 여기 아마로(Amaro)[23]의 이상적 가족이 있다……. 몸을 긁고 있는, 참나무 같은 남자, 포도 넝쿨처럼 몸을 쭉 뻗고 있는 여인, 번식하여 대를 이어갈 두 어린 소년과 소녀, 그리고 벼룩들을 잡고 있는, 세상처럼 작고 약한 몸으로 그들 모두를 부양하는 원숭이 말이다……"

XXXIV · 여자 친구

맑은 해풍은 붉은 언덕 위를 넘어 초원 꼭대기에 오르고, 부드러운 흰 꽃들 사이에서 웃고 나서, 가지를 치지 않은 어린 소나무 숲에 엉클어지다가, 하늘빛, 분홍빛, 금빛을 띠며 번뜩이는 거미줄들을 아주 얇은 돛처럼 부풀리면서 흔들어댄다……. 이제는 오후가 온통 해풍이다. 그리고 태양과 해풍은 마음에 부드러운 안온감을 안겨 준다!

플라테로는 흡족하고 민첩하고 기꺼운 마음으로 나를 태우고 간다. 내가 전혀 무게가 없다고 생각할 만하다. 우리는

---

23 스페인, 이태리 등지에 퍼져 있는, 장소나 남자를 가리키는 이름으로 '강건한 것'을 뜻한다.

마치 내려가듯 언덕을 오른다. 저 멀리서, 무색의 밝은 리본 모양의 바다가 어느 섬 같은 풍경의 외곽에 서 있는 소나무들 사이에서 왔다 갔다 한다. 저기 아래 초록빛 초원에서는 흰 발의 당나귀들이 한 덤불숲에서 다른 덤불숲으로 껑충껑충 뛰어다닌다.

관능적 떨림이 협곡들을 지나 흐르고 있다. 갑자기 플라테로는 귀를 쫑긋 세우고, 커다란 강낭콩 같은 누런 이빨들을 드러내며, 콧구멍들을 부풀려 치켜 올린 눈높이까지 팽창시킨다. 그는 모든 방향에서 가슴을 채우고 있음이 분명한 어떤 깊숙한 향내를 길게 들이마시고 있다. 그렇다. 저기, 또 다른 언덕에, 푸른 하늘을 배경으로 우아하고 회색빛 자태를 뽐내며, 애인이 서 있는 것이다. 그리고 두 겹의 나귀 울음은, 나팔 소리처럼 넓고 길게 울려 퍼지며, 빛나는 시간을 깬 다음, 쌍둥이 폭포처럼 떨어진다.

나는 가엾은 플라테로의 사랑하는 본능들을 좌절시킬 수밖에 없었다. 아름다운 전원의 애인은 그와 마찬가지로 슬픈 표정으로 그가 지나가는 것을 물끄러미 바라보고 있고, 그녀의 흑옥(黑玉)같은 눈은 비난 가득한 심상(心象)들로 차 있었다……. 소용없는 신비한 외침이, 살로 된 본능처럼, 하얀 데이지들 위로 난폭하게 굴러가는구나!

그리고 플라테로는 마지못해 타박타박 걷고 있지만, 연신 몸을 뒤로 돌리려고 하면서, 근소하게 억압된 빠른 구보는 어떤 질책을 담고 있다.

"믿을 수 없어, 믿을 수 없어, 믿을 수 없어……"

XXXV · 거머리

"자, 잠깐만! 플라테로야, 무슨 일이냐? 왜 그러는데?"

플라테로는 입에서 피를 흘리고 있다. 그는 기침을 하고 천천히 걷는데, 점점 더 피를 흘리고 있다. 나는 곧 상황 파악을 했다. 우리가 오늘 아침 피네테 샘터를 지나갔을 때, 플라테로는 거기서 물을 마셨다. 그리고 그가 언제나 제일 깨끗한 귀퉁이에서 또 이를 꽉 물고 마신다 해도, 의심할 바 없이 거머리 한 마리가 혀나 입천장에 달라붙었던 것이다…….

"자, 이 사람아, 내게 보여줘……"

나는 마구 수선공 라포소에게, 마침 아몬드 과수원에서 그리로 내려오고 있는 길이기에 도움을 청한다. 그리고 우리는 둘이 힘을 합쳐 플라테로의 입을 열려고 애쓴다. 그러나 그는 로마의 콘크리트로 밀봉된 듯 입을 굳게 다물고 있다. 나는 플라테로가 내가 상상하고 있는 것보다 덜 영리하다는 것을 깨닫고 마음이 쓸쓸해진다. 라포소는 굵은 막대기를 집어서, 그것을 네 토막으로 자르고, 그 한 개를 플라테로의 턱 사이로

끼우려고 애쓴다……. 그것은 결코 쉬운 작업이 아니다. 플라테로는 뒷발로 서서는 머리를 하늘 높이 치켜세우는가 하면, 어떻게 빠져나가서는, 혼자 자기 주변을 맴돌고 있다. 드디어 그가 방심한 틈을 타서, 플라테로의 입에 막대기 하나를 옆으로 찔러 넣는 데 성공한다. 라포소는 당나귀의 등에 올라타서는 두 손으로 막대기의 양끝을 뒤로 당겨 플라테로가 그것을 떨어뜨리지 못하게 한다.

그렇다, 저 안에 통통해진 검은 거머리가 있다. 나는 포도나무 어린 가지로 만든 가위로 그것을 끄집어낸다……. 그것은 작은 붉은 황토주머니 같기도 하고, 또는 붉은 포도주로 채운 가죽 같기도 하고, 햇빛에 비추어보면, 붉은 헝겊 조각에 화가 난 칠면조의 늘어진 목살 같기도 하다. 그것이 다시는 또 다른 당나귀로부터 피를 빨아먹지 못하도록, 나는 그것을 두 동강 내어 물 위로 던졌는데, 그 시냇물은 한순간에 작은 소용돌이의 거품을 플라테로의 피로 물들인다…….

XXXVI · 세 늙은 여인들

이 둑 위로 올라와라, 플라테로야. 어서, 우린 가엾은 세 늙은 여인이 지나가도록 하려 한다…….

그녀들은 해변이나 산에서 오고 있음이 틀림없다. 봐라, 한 사람은 장님이고, 다른 두 사람은 그녀를 양쪽에서 팔로 부축하며 인도하고 있다. 그녀들은 아마 의사 루이스를 보러 가거나, 아니면, 병원으로 가는 거다……. 그녀들이 얼마나 천천히 걷고 있는지, 앞을 보는 사람들은 행동들을 얼마나 조심조심 또 신중하게 이행하고 있는지를 보라. 세 사람 모두 똑같이 죽음을 두려워하고 있는 것처럼 보인다. 너는 그녀들이 손을 뻗어 상상되는 위험들을 밀치듯이, 바로 공기 자체를 더듬거리는 것이 보이지 않느냐? 우스꽝스럽게 꾸며진 손짓으로 아주 가볍게 꽃핀 가지들까지 옆으로 제치고 있는 것이 보이지 않느냐?

이 사람아, 조심해, 네가 넘어지려고 해……. 그녀들이 말하고 있는 구슬픈 말들을 들어봐라. 그녀들은 집시들이다. 물방울 무늬가 있고 여러 천을 겹겹이 댄 치마에, 다채로운 옷차림을 보아라. 보고 있니? 그녀들은 윗도리나 숄을 걸치지 않았는데, 나이에도 불구하고, 곧은 몸매는 시들지 않았다. 시커멓게 그을리고, 땀에 젖고, 정오의 뜨거운 먼지에 휩싸여 있지만, 어떤 강파르고 강인한 아름다움이 그녀들에게 아직은 단단하고 메마른 추억같이 부착되어 있단다…….

세 사람들을 보아라, 플라테로야. 그녀들은 얼마나 자신만만하게, 비등하는 햇빛의 설레는 달콤함 속에서 엉겅퀴가 노란 꽃봉오리들을 내밀게 하는 봄철 기운에 흠뻑 젖어, 오랜 나이를 생명 쪽으로 데리고 오는지 말이다.

XXXVII · 작은 이륜 짐마차

비가 와 포도원까지 불어난 큰 개천에서, 우리는 풀과 오렌지들의 하중(荷重)에 꼼짝달싹 하지 못하고, 진창에 빠진 작은 이륜 짐마차와 마주쳤다. 누더기 옷을 입은 더러운 어린 소녀가 한 바퀴 위에서 울면서, 아이고!, 플라테로보다 더 작고 더 수척한 작은 당나귀를 도우려고 애쓰며, 그녀의 꽃송이 같은 작은 가슴으로 밀고 있었다. 작은 당나귀는, 소녀가 소리 지르고 흐느껴 울고 있는 동안, 맞바람을 맞으면서 진창으로부터 이륜 짐마차를 빼어 내려고 애를 썼지만 소용없는 일이었다. 소녀의 노력은, 용감한 어린아이들이 안간힘을 쓰는 노력처럼, 꽃들 사이에서 쇠약해지는 나른한 여름 미풍들의 도주처럼, 효과 없었다.

나는 플라테로의 등을 부드럽게 두들겨 주고, 나의 모든 능력을 다 해서, 나는 그를, 비참한 당나귀의 앞에 세워 작은 짐마차에 매었다. 나는 다정한 명령으로 그가 앞으로 끌고 나가도록 독려하였고, 플라테로는 한번 확 당겨서 짐마차와 회색 나귀 둘 다를 진창에서 끌어내어 언덕 위로 끌고 갔다.

소녀는 얼마나 기쁘게 미소 지었던가! 그것은 마치 석양이 노란 수정 비구름 속으로 지면서, 거무스름한 눈물 뒤로 기쁨의 새벽에 불을 밝힌 것 같았다.

그녀는 눈물 가득히 기뻐하며 특별히 골라낸, 아름답고, 묵직하고, 둥근 오렌지 두 개를 내게 선사했다. 나는 오렌지들을 고맙게 받아서, 하나는 연약한 작은 당나귀에게 달콤한 위로로, 다른 하나는 플라테로에게 금상(金賞)으로 주었다.

XXXVIII · 빵

나는 네게, 플라테로야, 모게르의 영혼은 포도주라고 말했지, 그렇지 않니? 틀렸어. 모게르의 영혼은 빵이다. 모게르는 밀로 만든 빵 같아, 안은 희고 겉은 금빛이야—그러니까 부드러운 빵 껍질은 노란 태양이다!

정오가 되어 태양이 가장 뜨겁게 내리쪼일 때면, 마을 전체가 연기를 내뿜고 소나무 냄새와 막 구운 빵 냄새를 내기 시작한다. 마을 전체가 입을 연다. 그것은 어느 큰 빵을 먹는 큰 입과 같다. 빵은 모든 것과 함께 들어간다. 가스파쵸,[24] 올리브

---

24 gazpacho 찬 야채수프.

기름, 치즈와 포도, 키스와 함께, 그리고 포도주, 묽은 고기국물, 햄과 함께, 또 빵과 함께. 또한 그것은 홀로 있는 희망 같기도 하고, 또는 함께 있는 환상 같기도 하다…….

빵 굽는 사람들은 타박타박 말을 타고 들어와, 반쯤 열린 모든 대문 앞에 멈춰 서서는, 손뼉을 치며 소리 지른다. "빵이요! 빵!" 맨팔들이 내미는 4분의 1파운드 빵 덩이들이 바구니들 안에 떨어져서 둥근 빵들과 부딪히고, 또한 큰 빵 덩어리들이 작고 동글동글한 빵들과 부딪히며 내는 부드러우면서도 딱딱한 소리가 들린다…….

그리고 가난한 아이들은 즉시 철문들에 있는 종들을 울리거나, 바깥 대문 위에 있는 고리 쇠를 흔들어 대며 안쪽을 향해 그들의 울먹이는 목소리로 외쳐 댄다.

"제발, 빵 한 조각만!……"

XXXIX · 아글라이아[25]

너, 플라테로야, 오늘 정말 멋져 보이는구나! 이리 좀 와 봐라……. 마카리아(la Macaria) 여인이 오늘 아침 너를 말쑥하게

---

25 아글라이아(Aglaia)는 희랍신화에 나오는 세 우미(優美)의 여신들 중 하나로 빛의 여신

만들어 놓았구나! 비가 온 후에 낮과 밤처럼 네 몸의 흰 부위와 검은 부위가 빛을 발하여 뚜렷하게 드러나 보인다. 너, 얼마나 멋진 놈이냐, 플라테로야!

플라테로는, 자신이 그처럼 비추어진 것에 다소 부끄러워하면서, 천천히 나에게 다가오는데, 목욕하여 아직 젖은 채로, 너무나 깨끗하여 어느 벌거벗은 소녀 같다. 얼굴은 새벽처럼 밝아졌고, 두 눈은 우미(優美)의 여신들 중 막내가 열의와 찬란함을 빌려준 것처럼, 생생하게 번득인다.

나는 그에게 그것을 말해 주고는, 갑자기 형제 같은 감흥을 느끼며 그의 머리를 다정히 껴안고서 이리저리 돌리며 그에게 간지럼을 태운다. 그는 눈을 내리깔고, 도망가지는 않고, 자신을 귀로 얌전히 방어하거나, 몸을 잠깐 재빨리 빼어내 다가도, 애완용의 작은 개처럼 곧 멈춰 선다.

"너는 얼마나 멋져 보이니, 이 녀석아!" 나는 다시 한 번 말한다.

그리고 플라테로는, 새 옷을 입어 보는 어느 가난한 애처럼 조금은 겁을 먹고 뛰어다니다가, 달아나면서 귀까지 기쁨을 싣고, 내게 말하고 나를 바라본다. 그러더니 붉은 초롱꽃들을 먹는 척하면서 마구간 문 앞에 선다.

선함과 아름다움을 선사하는 여신 아글라이아는, 아침 햇살의 투명함 속에서 거의 보이지 않은 채, 잎들, 배들, 참새들로 북적이는 삼중의 우듬지를 전시하고 있는 배나무에 기대어, 이 장면을 미소를 지으며 관찰하고 있다.

XL · 왕관 소나무

플라테로야, 내가 어디서 멈추어 서 있더라도, 나는 저 왕관 소나무 밑에 머물러 서 있는 것 같다. 내가 어디에 도달하던지—도시, 사랑, 영광—나는 흰 구름이 감도는 저 드넓은 푸른 하늘 아래서 초록빛을 펼치고 있는 소나무의 풍부한 품에 도달하는 것 같다. 폭풍을 맞으며 키를 잡고 있는 모게르의 선원들에게 밝고 둥근 등대가 그랬던 것처럼, 그것은 나의 꿈의 어려운 바다들에서 등대 역할을 해준다. 거지들이 산루카르로 가는 도중 올라가는 거칠고 붉은 산의 높은 곳에 있는, 나의 힘든 날들에 쉴 곳을 제공하는 안전한 정상(頂上)이다.

내가 쉴 때 그것을 기억 속에 떠올리면, 내가 얼마나 강한지를 항상 느낀다! 내가 자랄 때, 그것은 크기를 멈추지 않았던 유일한 것이었고, 언제나 더 크게 되었던 것이었다. 허리케인이 부러뜨렸던 큰 가지를 사람들이 잘라냈을 때, 나는 내 사지(四肢) 중 하나가 뽑혔다고 생각했다. 그리고 때때로, 어떤 고통이 예기치 않게 나를 엄습할 때, 나는 그것이 왕관 소나무에 상처를 주고 있는 것이라고 상상한다.

'큰'이라는 단어는, 내 마음에 바다, 하늘이 적합하듯이, 그 나무에 들어맞는다. 수 세기 동안 많은 세대들이 그늘 속에서 구름들을 쳐다보며, 마치 바다 위에서, 하늘 아래에서, 또 내 마음의 향수(鄕愁)에서 휴식을 취하는 듯했다. 나의 상념(想念)들이 자유롭게 방황하고, 임의적 심상들이 바라는 곳은 어디든 간에, 또는 마치 분명히 감지되는 것들 곁에 그리고 사물들이 오직 제 이(二)의 시각에 의해서만 보이는 그런 순간들에, 왕관 소나무는, 어떤 영원성의 애매한 형상으로 변모해서, 모호함 가운데서 더 살랑 살랑거리고, 더욱더 거대하게 내 마음에 다가와서는, 마치 그것이 나의 인생행로의 참되고 영원한 종착역인 듯이, 그의 평화 속에서 휴식하도록 손짓하고 있다.

XLI · 다르본

플라테로의 수의사, 다르본은 얼룩진 황소처럼 거구이고 혈색이 수박같이 붉다. 그는 275 파운드나 나가고, 자신의 셈에 의하면 예순 살이다.

그가 말을 할 때면, 낡은 피아노처럼, 한두 음절이 빠진다. 어떤 때는, 단어들 대신, 공기 소리가 새어 나온다. 이런 뜻하지 않은 실수들은 머리를 끄덕이기, 철썩 때리기, 노쇠의 증세인 주저하기, 목구멍에서 들리는 푸념 소리, 그리고 손수건에 침 뱉기인데, 이 모든 것이 구색을 맞추고 있다. 모든 것은 저녁 식사 전에 호감이 가는 음악회가 된다.

그는 이가, 아니, 어금니 하나 남아 있지 않아서, 빵 부스러기 외에 거의 어떤 것도 먹지 않는다. 그는 빵 조각을 먼저 손 안에서 말랑말랑하게 만들고, 둥글게 만들어 그의 입에 넣는다. 입 안에서 그것을 한 시간 동안 돌리다가 먹는다. 그런 다음 또 다른 방울떡을, 그리고 또 다른 방울떡을 말이다. 그는 잇몸으로 씹는데, 그럴 때면, 턱은 매부리코까지 올라간다.

내가 말한 바와 같이, 그는 얼룩진 황소만치 거구이다. 그가 편자 대장간의 현관문 앞에 서있으면, 그는 온통 집을 가린다. 그러나 그가 플라테로를 대할 때는 어린아이처럼 부드러워진다. 그리고 꽃이나 새를 보면, 그는 입을 넓게 벌려 큰 소리를 내며 한바탕 웃는데, 그것의 속도와 지속을 그는 조절하지를 못하고 언제나 눈물을 흘리는 것으로 끝난다. 그러고 나서는 다시 침착해져서, 오래된 공동묘지 방향을 한참 바라본다.

"내 어린 소녀야, 아, 내 가엾은 어린 소녀야……"

XLII · 어린이와 물

크고 먼지 가득한 마당 안, 아무리 살살 걸어도 고운 흰 먼지가 사람들의 눈에까지 와 닿는 삭막하고 햇빛에 그슬리고 메마른 샘물가에서. 어린이는 그것과 일심동체가 되고, 그들은 저마다 자기 영혼을 지닌 채 서로 바라보며 격의 없이 웃고 있다. 그곳엔 나무 한 그루 없지만, 그리로 오는 이의 마음을 채우는 한 단어가, 프러시아의 푸른 하늘에 커다란 빛의 글자로, 눈들이 되풀이하여 확인하는 이름이 쓰여 진다. "오아시스"

아침은 벌써 더운 정오가 되어 후끈 달아오르고, 매미들은 산프란시스코 성당 뜰에 있는 '올리브 나무를 톱질하듯' 맹렬히 울고 있다. 해는 어린이의 머리 위에 직각으로 내리쬐고 있지만, 아이는 물에 심취되어 그것을 느끼지 못한다. 그는 땅 위에 몸을 길게 뻗고 손을 생생한 물줄기 밑에 대고 있다. 그리하여 물은 손바닥 안에 청량(清凉)과 우아함으로 꾸며진 떨리는 궁전을 세우고, 검은 눈은 그것을 황홀하게 바라본다. 그는 혼자 중얼거리고, 콧물을 들이마시며, 다른 손으로는 그의 누더기 밑 여기저기 몸을 긁적인다. 궁전은 항상 같은 것이지만 매 순간 새로워지고, 때때로 흔들린다. 그런 다음 어린이는 몸을 움츠려 자세를 바로하고, 자신 속에 탐닉하여, 고도로 민감한 만화경 형상을 지키기 위하여—자신의 맥박마저도 움직이면 단 하나의 수정같이 맑은 물방울에 변화를 가져올 수 있기에—그가 요행히 낚아챘던 그 순박한 형상을 박탈하지 못하게 하려 한다.

플라테로야, 나는 내가 너에게 말하고 있는 것을 네가 이해하고 있는지 또는 그렇지 않은지를 모른다. 그러나 그 아이는 나의 영혼을 그의 손아귀에 쥐고 있다.

XLIII · 우정

우리는 서로 잘 안다. 나는 그가 기분이 내켜 가고 싶은 곳으로 가도록 하고, 그는 언제나 내가 원하는 곳이면 어디든지 나를 싣고 간다.

플라테로는, 우리가 왕관 소나무에 도착하면, 내가 밑둥치에 가서, 그것을 쓰다듬고, 거대하고 밝은 우듬지 위로 하늘을 쳐다보기를 즐겨 하는 것을 알고 있다. 그는, 수풀을 지나 오래된 우물로 인도하는 좁은 숲길이 나를 매혹한다는 것을 안다, 또 고전적 풍경들을 내 앞에 연상시키는 작은 소나무 숲 언덕에서 강을 바라보는 것이 나에겐 축제라는 것을 알고 있다. 내가 그의 등에서 안전하게 졸게 되는 경우, 내가 깨어날 때면, 그때마다 그처럼 매혹적인 전경이 내 앞에 펼쳐진다.

나는 플라테로를 마치 아이인 양 취급한다. 만약 도로가 울퉁불퉁하거나 그에게 조금 힘들어지면, 나는 그의 괴로움을 덜어 주기 위해 내린다. 나는 그에게 키스를 해주고, 그에게 장난도 친다. 그를 화나게도 한다……. 그는 내가 그를 사랑하고 있는지를 완벽하게 이해한다. 그리고 그는 나에 대해 어떤 원망의 마음도 갖지 않고 있다. 그는 나와 많이 같고, 그 점에서 다른 사람과는 다르기 때문에 나는 그가 내가 꾸는 꿈들을 꾸고 있다고 믿게 되었다.

플라테로는 정열적인 젊은 처녀처럼 나에게 헌신하여 왔다. 그는 어떤 것에도 항의하지 않는다. 나는 내가 그의 행복이 되고 있음을 알고 있다. 그는 당나귀들과 사람들을 피하기까지 한다…….

XLIV · 자장가 부르는 소녀

숯쟁이의 조그만 계집애—예쁘고, 동전처럼 더럽고, 눈은 검게 반짝이고, 탄탄한 입술은 그을음 가운데서도 신선한 피가 터져 나올 듯 싱싱한 그녀—는, 오두막 문 앞 기왓장에 앉아 어린 동생을 흔들어 주며 재우고 있다.

5월의 시간은 힘차게 진동하고 있고, 태양 내부와 같이 작열하며 밝다. 번쩍이는 평화로움 속에서 밭에서 음식을 삶는

냄비의 끓는 소리가, 농장에서 발정(發情)난 말 울음소리가, 유칼립투스 교목들이 엉켜 있는 숲을 지나는 해풍의 즐거운 소리가 들려온다.

부드럽고 달콤한 음조로 숯쟁이의 딸은 노래한다.

잘 자라, 내 아가야, 잘 자라,
성모님의 은총[26]에 안겨서……

중단. 우듬지들에 부는 바람소리…….

잘 자라, 내 아가야, 꿈꾸어라,
자장가 부르는 이도 잠이 든다…….

바람소리,…… 햇빛으로 그을린 소나무들 사이를 거닐고 있는 플라테로가 조금씩 조금씩 이리로 다가온다……. 그러더니 그는 그 거무칙칙한 땅에 드러눕더니, 엄마의 긴 노래를 듣는 아기처럼, 꾸벅꾸벅 잠이 든다.

---

26 성모 마리아(la Santísima Virgen María)를 암시; 표준어는 'la Pastora'.

XLV · 뜰에 있는 나무

플라테로야, 이 나무, 내가 직접 심은 이 아카시아, 계속 봄마다 무럭무럭 자라는 초록빛 화염, 그리고 이제 석양빛에 빛나며 풍요롭고 마음껏 번성한 잎들로 우리를 감싸주는 아카시아는, 이제는 닫혀 있으나, 그 집에 살고 있던 동안에 나의 시(詩)의 가장 훌륭한 버팀목이었다. 사월엔 옥빛으로, 10월엔 금빛으로 단장되는 가지들 중 어느 하나라도 내가 바라보는 순간, 어느 뮤즈의 가장 순수한 손인 양 나의 이마를 시원하게 해주었다. 그것은 얼마나 미묘하고, 얼마나 우아하고, 얼마나 아름다웠던가!

오늘, 플라테로야, 나무는 거의 온 뜰을 장악했다. 얼마나 진부하게 되고 말았느냐! 그것이 나를 기억하는지를 나는 모른다. 그것은 나에게 같은 나무가 아니라 달리 보인다. 마치 그것이 존재하지 않았던 것처럼 내가 그것을 잊고 있던 그 모든 시간 동안, 내가 느끼는 즐거움의 기준들과는 상관없이, 봄은 그 변덕스러운 기분에 따라 한 해 또 한 해 그것의 형태를 만들어 갔다.

그것은 한 그루의 나무이고 또 내가 심어 놓은 나무임에도 불구하고, 그것은 오늘 나에게 아무 말도 하지 않는다. 우리가 처음으로 어루만지는 어떤 나무이건, 플라테로야, 우리의 마음을 감정으로 채운단다. 우리가 그렇게 소중하게 사랑해 왔고 그처럼 잘 알아 왔던 한 그루 나무가, 플라테로야, 다시 볼 때, 어떤 말도 하지 않는다. 그것은 슬픈 일이지만, 더 말하는 것은 소용없다. 정말, 아카시아와 석양의 저 융합 속에 나의 칠현금이 걸려 있는 것을 나는 더 이상 볼 수 없단다. 그 우아한 가지는 나에게 어떤 영감도 시구(詩句)도 튕겨주지를 않고, 그 나무 우듬지에 대한 내적 성찰도 이제 나에게 어떤 시상(詩想)들도 가져다주지 않는다. 그리고 내가 조화롭고 신선하고, 향기로운 고독에 대한 즐거운 희망을 안고 삶의 현장에서 그렇게 자주 찾아왔던 이곳에서, 나는 이제 불편함과 싸늘함을 느끼며 떠나기를 원하고 있단다. 지난날들에는, 정반대로, 나는 사교 클럽, 약국, 또는 극장에서 떠나기를 그처럼 원했었단다, 플라테로야.

XLVI · 폐병에 걸린 소녀

그녀는 춥고 흰 회벽 침실의 한가운데에 있는 초라한 의자에, 얼굴은 희고, 시들은 아마릴리스처럼 맥이 빠진 채, 꼿꼿이 앉아 있었다. 의사는 들로 나가 바깥바람을 쐬며, 저 싸늘한 오월의 햇볕을 쬐라고 권유했지만, 가엾은 소녀는 그렇게 할 수가 없었다.

"제가 다리까지 가까스로 가게 되면," 하고 그녀는 나에게 말했다. "자, 보세요, 젊은 어르신, 여기서 몇 발자국만 옮겨도, 저는 숨이 막혀요……."

그녀의 가늘고 째진, 어린애 같은 목소리는, 여름철 미풍이 가끔 수그러들 듯, 피곤함 속으로 잦아들었다.

나는 그녀에게 말 타고 산책을 좀 하라고 플라테로를 제공하였다. 그녀가 그의 등에 올라탔을 때, 온통 검은 눈과 흰 이들만 보이고, 엄연히 죽어 있던 그녀의 얼굴에 피어나는 미소라니!

…… 여인들은 그들의 문간에 나와 우리가 지나가는 것을 구경하였다. 플라테로는, 마치 깨질 것 같은 얇은 유리 백합을 싣고 가는 것을 아는 듯이, 천천히 걸어갔다. 몬테마요르의 성모 수녀원의 흰 옷에 진홍색 리본을 단 소녀는 남쪽 하늘로 날아가는 도중 읍내를 지나고 있는 어느 천사와 흡사했다.

XLVII · 엘 로씨오 순례[27]

"플라테로야," 나는 말했다. "우리 저리 가서 순례자 마차들을

---

27 엘 로씨오(El Rocío 이슬)는 우엘바(Huelva) 지방에 있는 알몬테(Almonte) 읍에 속한 작은 마을의 이름인데, 그 곳의 '은자의 집 Ermita'으로 오순절의 둘째 날에 수만 명의 순례자들이 여행한다.

기다려 보자. 그들은 저 먼 곳에 있는 도냐나 숲[28]의 소리를, 아니마스 송림(松林)의 신비를, 마드레스와 프레노스의 선선함을, 로시나의 향기를 가져온다……"

나는 그를 말끔하게 단장을 해서 데리고 나갔는데, 그의 아름다움은 푸엔터 길의 처녀들 눈에 족히 즐거움을 안길만하였고, 낮은 석회 처마들에는 머뭇거리는 석양이 희미해지는 분홍빛 리본으로 물들어 가고 있었다. 이어서 우리는 오르노스 제방 위로 올라갔는데, 거기서는 랴노스로 가는 길 전체가 한눈에 들어온다.

이미 순례 마차들이 언덕을 올라오고 있다. 순례 여행철의 부드러운 부슬비가, 지나가는 보랏빛구름에서, 초록빛 포도넝쿨들에 떨어지고 있었다. 그러나 사람들은 그걸 보기 위해 눈조차 들지 않는다.

먼저 즐거운 연인들이 당나귀들, 노새들, 무어식의 마구와 갈기를 땋은 말들을 타고 지나갔다, 남자들은 즐거워하고 여인들은 뽐냈다. 화려한 옷차림을 하고 인생을 즐기는 집단은 출발했다가는 다시 돌아오면서, 끊임없이 의미 없는 신명에 사로잡혀 있었다. 그 다음으로는 술주정뱅이들의 마차가, 요란하게 거칠게 뒤죽박죽이 되어 그 뒤를 따랐다. 또 그 뒤로는 흰 커튼을 친 침대 같은 마차들이 이어졌는데, 거기에는 검

---

28 지금은 국립공원이 되어 있다.

은 눈에, 탱탱한 젊음이 한창인 처녀들이 차양 밑에 앉아 탬버린들을 흔들며 세비야의 유행곡들을 날카로운 목소리로 불러대고 있었다. 더 많은 말들, 더 많은 당나귀들이 이어졌다. 그리고 대머리에, 호리호리하고, 얼굴빛이 붉은 영도자가, "로씨오의 성모 만세! 만만세!"를 외치고, 모자는 뒤로 젖혀 어깨에 걸치고, 등자를 밑받침으로 하고 지휘봉을 잡고 있었다.

끝으로, 밝은 색채의 머리 리본과 이슬에 젖은 햇빛이 번쩍이는 거울을 장식으로 갖추어 주교들을 연상시키는 얼룩진 씩씩한 두 황소가 우아하게 이끄는 마차에 실린, 그 무염시태(無染始胎)의 단기(團旗)[29]는 수레를 끄는 짐승들의 고르지 못한 끌어당김에 따라 고개를 끄덕이며 등장하는데, 온통 꽃들로 뒤덮여 어느 조밀한 정원을 옮겨다 놓은 듯이, 흰 마차 위에서 자수정의 진보랏빛과 은빛을 발하고 있었다.

벌써 음악소리가 들려오지만, 그것은 성당의 종소리들, 폭죽들, 도로 포석에 부딪는 말굽 편자들의 딱딱한 소리의 소음에 의해 거의 함몰되었다…….

그때 플라테로는 앞다리들을 구부리더니 어느 여인처럼—그야말로 그 나름대로 성취한 기예(技藝)였다!—온후하게, 겸손하게, 사근사근하게 무릎을 꿇었다.

---

29 "그 죄가 없이 존재하는 자 El Sin Pecado"는 '원죄가 없이 잉태 되었던 예수 Jesús que fue concebido sin pecado original'를 가리키며 성모 마리아와 더불어 안달루시아 지방에서 상징적 형상(形象)으로 제도화 되어 있다.

XLVIII · 롱사르[30]

플라테로는 이제 굴레로부터 자유로워져 작은 초원에서 정숙한 데이지 꽃들 가운데서 입맛을 다시며 풀을 뜯고 있다. 그리고 나는 소나무 밑에서 길게 누워 무어인 양식의 안장주머니에서 작은 책을 꺼내 들고, 표지해 놓은 페이지를 열어 큰 소리로 읽기 시작했다.

> 누군가가 오월에 가지 위의 장미를 바라보며
> 사랑스러운 청춘과 첫 꽃송이를 감상하며
> 하늘로 하여금 질투하게 하네……

온통 초록빛이 넘실대는 우듬지도 아리따운 작은 새도 햇빛을 받아 노란데, 저 높이 가장 높은 가지들에서, 새가 깡충 뛰며 짹짹거린다. 그가 날고 지저귀는 사이사이에 점심으로 씨앗들을 까먹는 소리가 들린다.

> …… 질투하게 하는 밝은 색채 ……

살아 움직이는 뱃머리인 양, 갑자기 어떤 큼직하고 따스한

---

30 프랑스의 저명한 시인(1524-1585)으로 핀다로스와 호라티우스를 본받아 많은 찬가, 비가, 전원시들을 남겼다.

것이 나의 어깨로 다가 온다……. 그것은, 의심할 바 없이 오르페우스의 칠현금에 고무되어 나와 함께 낭송을 하러 온 플라테로이다. 우리는 낭송한다.

> …… 그 밝은 색채,
>
> 바야흐로 새벽이 동틀 녘에 눈물로 그것을 적시기에……[31]

그러나 분명히 소화를 빨리 해 버려야 하는 작은 새는 잘못된 음조로 단어를 뭉개 버린다.

롱사르는, 그 순간 자신의 소네트 '내가 꿈속에서 나의 말괄량이 처녀를 껴안을 때'를 한순간 잊은 채, 지하세계에서 틀림없이 웃었을 것이다…….

XLIX · 만화경 장수

느닷없이 갑자기 딸랑거리는 건조한 북소리가 거리의 정적을 깬다. 그러더니 한 째진 목소리가 길고 헐떡이는 장황한 선전

---

31 그 사행시(四行詩) 첫 행의 "rose"와 운이 맞는 단어 "arrose 적시다"가 끊겨버린 것이다. 여기서 '지하세계에서 그 운을 못 맞춘 것에 대해 웃고 있는' 롱사르를 보다 낫게 이해하기 위하여 프랑스어 원문 인용이 불가피하다.

을 한다. 거리 아래로 뜀박질 하는 발들의 소리가 들린다. 어린아이들이 외친다. "만화경 아저씨다! 만화경 아저씨다!"

길모퉁이에는 네 개의 작은 분홍 깃발을 단 작은 초록빛 상자가 받침대 위에서, 렌즈를 햇빛에 마주 대놓고, 기다리고 있다. 노인은 계속 북을 치고 있다. 돈 한 푼 없는 한 무리의 아이들이 손을 주머니에 찔러 넣거나 등 뒤로 하고는, 작은 상자를 말없이 둘러싸고 있다. 얼마 안 있어 또 다른 꼬마 녀석 하나가, 동전을 손아귀에 쥐고, 달려온다. 그는 앞으로 나가서, 눈을 렌즈에 갖다 댄다…….

"자…… 프림 장군이…… 백마를 타고 있는 모습이 보일 것이다." 외지에서 온 늙은이는 지루한 목소리로 외치고는 북을 두드린다.

"바르셀로나아아아 항구 ……! 그리고 북을 더 두드린다.

다른 아이들이, 동전을 움켜쥐고, 계속해서 도착한다. 그들은 즉시 노인에게 그것을 건네주고는, 자신들의 환상을 구매하기 위해 마음이 들떠 그를 뚫어지게 바라본다. 그 노인은 말한다.

"이제…… 하바나의 성곽이 보일 것이야!" 그렇게 말하고 그는 북을 친다.

플라테로는 요지경을 보기 위해 길 건너편의 소녀와 개와 함께 그리로 갔는데, 이제 그의 큰 머리를 아이들 머리들 가운데로 들이밀고 구경거리에 참여하려고 한다. 노인은 갑자기 기발한 생각이 드는 듯 그에게 말한다. "네 동전 좀 보자꾸나!"

그리하여 동전 한 닢 없는 아이들은 모두 마지못해 웃으며 간절히 애원하는, 굴종하는 눈초리로 그 노인을 우러러본다.

L · 길가에 핀 꽃

플라테로야, 이 길가에 핀 꽃은 얼마나 순수하고 또 얼마나 사랑스러운가! 소란스럽게 황소들, 염소들, 망아지들, 사람들이 그 옆을 지나가도, 그것은 그처럼 부드럽고 연약한 채로 한적한 둔덕에 그냥 꼿꼿이 서서, 엷은 자줏빛을 발하며, 어떤 불순한 것으로도 감염되지 않은 채 우아하게 머물러 있다.

매일, 우리가 지름길로 택한 언덕을 오르면, 초록색 위치에 있는 그것이 보인다. 이제 그의 옆에 작은 새가 하나 와 있는데, 우리가 접근하자—왜 그럴까?—그것은 훌쩍 날아가 버린다. 어떤 때는 어쩌다가 그것은 어느 유리잔처럼 여름 구름으로부터 내린 맑은 빗물로 채워진다. 또 어떤 때는 그것은 벌이 안으로 파고들어 약탈하는 것을 방임하는가 하면, 또 어떤 때는 나비가 변덕스러운 장식인 양 위에 앉아 있는 것을 받아들이기도 한다.

이 꽃은 말이다, 플라테로야, 그에 대한 기억은 영원하다 해도, 실제는 며칠밖에 살지 못할 것이다. 그것의 수명은 너의 봄 가운데 하루와 같고, 나의 삶에서 한 봄철과 같을 것이다……. 플라테로야, 그것이 우리 삶의, 매일매일, 순박하고 끝없는 본보기임을 보여주도록, 나는 가을에 그 숭고한 꽃에 대한 대가로 무엇인들 내주지 않겠니?

LI · 로드(Lord)

네가 말이지, 플라테로야, 사진을 볼 줄 아는지 모르겠다. 나는 사진들을 밭일꾼들 몇 명에게 보여주었는데, 그들은 그것들에서 아무것도 보지 못했다. 어떻든, 플라테로야, 이게 내가 네게 가끔 말해주곤 했던 작은 폭스테리어 로드다. 그를 바라보아라. 알겠지? 그는 대리석으로 바닥을 깐 안뜰의 제라늄 화분들 사이에서 겨울햇빛을 쬐면서 방석 위에 앉아 있다.

가엾은 로드! 그는 내가 그림 그리기에 몰두하고 있었던 곳인 세비야에서 왔다. 그는 하예서, 광선속에서는 거의 색깔이 없었고, 숙녀의 허벅지같이 통통했고, 둥글었고, 배수관에서 분출하는 물처럼 성급했다. 그에게는 여기 저기 나비들이 앉아 있는 듯 몇몇 검은 점들이 있었다. 그의 빛나는 눈은 고귀한 감정들의 두 작은 심연들이었다. 그에게는 광분의 경향이 있었다. 때때로 아무 이유도 없이 그는 대리석 파티오[32]에 있는 백합들 사이로 어지럽게 돌아다니곤 했지, 그럴 때 햇빛은 천장의 색유리 채광창을 통해 들어오는데, 돈 카밀로가 그리는 비둘기들처럼, 그곳을 온통 붉고, 푸르고, 노랗게 물들여 꽃의 바다로 만들어 놓았던 것이다……. 또 어떤 때, 그는 이 지붕 저 지붕으로 올라가서 흰털발제비들의 보금자리들에 한바탕 지저귐의 소동을 일으키기도 하였다……. 마카리아는 그를 아침마다 비누로 깨끗이 씻어 주곤 했기에, 그는 언제나 푸른 하늘을 배경으로 흉장(胸牆)처럼 아주 흰빛을 발하며 빛났단다, 플라테로야.

나의 아버지가 돌아가셨을 때, 그는 온 밤을 관 옆에 앉아서 그와 함께 보냈다. 나의 어머니가 한 번 중병이 들었을 때는, 그는 어머니 침상 끝에서 길게 엎드리고는, 거기서 한 달 동안 마시지도 먹지도 않고 지냈다……. 어느 날 사람들이 집에 와서 어떤 미친개가 그를 물었다고 일러주었다……. 우리는 그를 이곳 성곽의 포도주 저장소 있는 데로 데려가, 거기에 있는 오렌지 나무에 매어 놓고서, 사람들로부터 격리시켜야만 했다.

사람들이 그를 끌고 갔을 때 그가 뒤돌아보며 좁은 길에

32 스페인식 집 안뜰의 일부 생활공간.

남겨 놓았던 응시(凝視)는 지금도 그때처럼 나의 가슴을 엔단다, 플라테로야. 그것은 어느 죽은 별의 빛이 아직도 살아 있어 고조된 고통스러운 감정의 강도(强度)로 자신의 사멸을 넘어서고 있는 것 같다……. 어떤 육체적 고통이 나의 가슴을 찌를 때마다, 나의 눈앞에 떠오른다, 로드가 내 가슴에 고통에 시달린 발자국처럼 영원히 남겨 놓은 그 시선은, 이승에서 영원으로 가는 길처럼—내 말은, 개천에서 왕관 소나무까지—길게 드리워져 있다.

LII · 우물

우물![33] …… 플라테로야, 그건 얼마나 깊숙한 말인가, 그처럼 어두운 초록빛, 그처럼 시원하고, 그처럼 울림이 좋은 것이 있을까! 그것은 마치 단어가, 찬물에 도달할 때까지, 회전하면서 어두운 땅속을 꿰뚫고 들어가는 듯하다.

보아라, 무화과나무는 돌 둘레 벽을 장식하며 또 두 동강을 내며 돌파하고 있다. 그 안, 손이 닿을 만한 곳, 이끼 낀 벽돌들 사이에, 폐부를 찌르는 향기를 지닌 푸른 꽃이 이제 피었

33 "pozo 뽀쏘"의 발음에서 오는 어감을 참조.

다. 좀 더 밑에는 제비의 둥지가 있다. 그 다음엔, 움직임 없는 그늘에 에메랄드 궁전이 있고, 또 작은 호수가 있는데, 호수의 정적 속으로 돌멩이를 하나 던지면, 그것은 성이 나 으르렁거린다. 그리고 결국에 하늘이다.[34]

(밤이 들이닥치고 있다, 달은 저 아래 바닥에서 번득이며, 변덕스럽게 흔들리는 별들로 장식되어 있구나. 정적! 길을 따라 삶은 저 멀리 떠나가 버렸다. 영혼은 우물 속을 지나 저 깊숙한 곳으로 도피한다. 우물을 통해 사람들은, 말하자면, 황혼의 그 다른 편을 볼 수 있다. 그리고 그 우물의 입에서 이 세상 모든 비밀들을 지배하는 밤의 거인이 출현할 것만 같다. 오, 조용한 마법의 미로여, 향기로운 그늘의 공원, 유혹적인 마법의 살롱이여!)

"플라테로야, 만약 내가 어느 날 이 우물 속으로 뛰어 들어간다면, 그건 자살을 하려는 것이 아니라, 내 말을 믿어 줘, 다만 별들을 더 쉽게 따기 위한 것이야."

플라테로는 목이 마르고 간절한 마음으로 울음을 터뜨린다. 우물에서 저기 제비 한 마리가 놀라고, 동요되어, 조용히 빠져나온다.

---

34 이 우물 구조는 한국의 경우와 사뭇 다르다.

라 살 골목의 끝에 있는 탑에 이르기까지의 그 짧고 좁은 길의 남쪽 편에는 해풍이 끊임없이 휘몰아쳐 군데군데 거멓게 풍화되어 있고, 흰 석회는 햇빛과 푸른 하늘로 인해 자줏빛이 감도는데—이제 그 길을 따라 한 소년과 한 당나귀가 천천히 내려오고 있다. 소년은 난쟁이처럼 작은 체구여서, 그의 등 뒤로 미끄러져 내린 모자보다도 작아 보이는데, 그의 꿈에 젖은, 산골 마음에 사로잡혀 흥을 내며 발라드를 노래로 읊는다.

> …… 커다란 욕망에 빠져 나는 그녀가
> 그것을 허락해주기를 애원하였다……

제 멋대로 하게 풀려나자, 당나귀는 살구들의 작은 짐에 조금은 억눌렸던 터라, 좁은 길에 드문드문 난 더러운 풀을 뜯어 먹는다. 아주 이따금씩 작은 소년은, 마치 한순간 그 길의 현실에 복귀한 듯이 갑자기 멈춰 서서, 마치 땅에서 힘을 끌어올리려는 듯, 흙먼지가 덮인 작고 적나라한 다리를 벌리고 땅에 박는다. 그러고 나서 손을 찻종 모양으로 오므려서 목소리를 세게 거칠게 '알' 음에서 어린애 같은 목소리로 외친다.

"사알—구여!"

그런 다음 그는—디아쓰 신부님이 말했듯이—팔고 못

파는 것이 그에게는 '아무 상관없다는 듯이' 자아도취에 빠져 유연하게 느릿느릿 흐르는 집시 곡조로 돌아간다.

……나는 그대를 비난하지 않아,

결코 그런 일은 없을 거야……

그리고 그는 길의 포석들을 거의 무의식적으로 몰이 막대기로 친다…….

따스한 빵 냄새와 그슬린 소나무 냄새가 풍겨 온다. 조금 뒤늦은 미풍이 샛길에 생기를 불어 넣는다. 갑자기 세 시를 알리는 큰 종소리가 울려 퍼지고, 그 뒤를 이어 작은 종에서 작은 장식의 음향이 뒤따른다. 그리고 다가오는 축제일을 알리는, 운율에 맞춰 큰 종소리가 울려 퍼지면서, 쏟아지는 음향 속에 우편마차의 소리와 또 고개를 오르며 읍내 사람들이 졸고 있는 시간의 정적을 깨며 기차역으로 달리는 역마차의 뿔피리 소리와 종소리를 묻어 버린다. 그리고 바람은 지붕들을 향해 향기롭고 파동 치며 수정같이 빛나는 투명함 속에다 바다의 환상을 실어 보내고, 또한 고독한 광휘 속에 잠긴 규칙적인 파도로 권태로워 하고 인적 없는 바다를 실어 보낸다.

소년은 자신의 원래 자리로, 깨달음으로, 자신의 외침으로 되돌아온다.

"사알—구 사려!"

플라테로는 자리를 뜨기를 원치 않는다. 그는 소년을 보고 또 보고, 또 소년의 당나귀에 냄새를 맡으며 가볍게 부딪쳐 본다. 그리고 그 두 동물은, 어느 순간에는 북극곰들이 하는 행동과 비슷하게, 일종의 쌍둥이처럼 그들의 머리를 움직이는 모양새에서, 서로 서로를 이해하고 있다…….

"알았다, 플라테로야. 나는 소년에게 그 당나귀를 나에게 달라고 말하겠다. 그러면 너는 그와 함께 살구들을 팔러 갈 수가 있다……. 약속하마!"

LIV · 걷어차기

우리는 몬테마요르 농장의 어린 송아지들에게 낙인찍으러 가려는 참이었다. 거대하게 작열하는 오후의 태양 밑에서 그늘지고 돌로 포장된 안뜰은, 경쾌하고 활기에 넘치는 말들의 울음소리, 여인들의 낭랑한 웃음소리, 개들의 끊임없이 날카롭게 짖어 대는 소리가 진동하고 있었다. 플라테로는 안달이 나 있었다.

"그런데 말이지, 이 친구야," 하고 나는 그에게 말했다. "너는 정말 우리와 함께 가볼 수 없어. 너는 너무 작거든……"

그가 너무 미친 듯이 날뛰어서, 나는 똔토에게 그의 등에 올라타 우리를 뒤쫓아 오라고 말했다.

…… 맑은 시골풍경 속에서 말을 타고 가는 즐거움이라니! 깨진 거울 조각들은 햇빛을 받아 문이 닫힌 제분소들을 비추고 있고, 금빛 테두리가 쳐진 늪지들은 미소 짓고 있었다. 말들의 말굽들이 세차고 당당하게 부딪치는 소리 가운데서, 플라테로는 리오틴토로 가는 기차의[35] 바퀴들이 더 빨리 돌아가듯, 그렇게 꾸준히 가속을 하면서, 성급하고 잰 구보로 나아갔는데, 그것은 그가 똔토와 노상에서 홀로 뒤처지지 않기 위함이었다. 갑자기 피스톨을 발사하는 것 같은 소리가 들렸다. 플라테로가 근사한 체구의 한 회색 점박이 젊은 말의 궁둥이를 그의 입으로 가볍게 비볐던 것인데, 그 망아지가 뒷발로 냅다 차며 응답했던 것이다. 아무도 주목하지 않았지만, 나는 플라테로의 앞다리에 하나에서 피가 흘러내리는 것을 보았다. 나는 말에서 내려, 부목(副木)으로 한 가시와 말총을 이용해서 그 터진 핏줄을 싸맸다. 그리고 나는 똔토에게 그를 집으로 데려가라고 일렀다.

그 둘은 우리 일행의 먼지 휘날리며 빛나는 행진을 뒤돌아보며, 읍내로 이어지는 메마른 하천 바닥을 따라 천천히 그리고 처량하게 출발하였다.

내가 농장으로부터 돌아와 플라테로를 보러 갔을 때, 나는

---

35 그 당시 우엘바(Huelva)지방의 광산 개발용 협궤 철도.

그가 침울하고 슬픈 모습을 하고 있는 것을 발견하였다.

"이젠 알겠지?" 하고 나는 한숨을 지며 말했다. "다른 어른들하고는 어디든지 갈 수 없다는 것 말이야!"

LV · 당나귀 학(學)

나는 사전에서 읽는다. "당나귀 학, 여성 명사: 반어적으로, 당나귀에 대한 기술(記述)을 뜻함."

가엾은 당나귀! 너는 그처럼 친절하고, 그처럼 고귀하고, 그처럼 명민한데 '반어적으로'라니……. 왜? 너에 대한 정확한 기술은 봄날의 이야기가 될 텐데도, 너는 진지한 기술을 받을 자격도 없다는 말이냐? 천성이 착한 사람은 당나귀라고 불리어져야 하고, 천성이 사나운 당나귀는 사람이라고 불리어져야 하는데 말이다! 반어적으로 말이지. 그리고 너에 대해 말하자면, 너는 사물을 이해하는 지적인 힘이 있고, 노인과 아이의 친구이고, 개천과 나비에게, 해와 개에게, 꽃과 달에게 인내심 있게 사려 깊게 대해주고, 우수(憂愁)적이고 사랑받을 만하지, 말하자면 초원의 마르쿠스 아우렐리우스(Marcus Aurelius)라고 할 만하다!

플라테로는 의심할 바 없이 알아듣고, 나를 응시하는 번득이는 큰 눈은 온화하고 단호해 보이는데, 두 눈의 작고 볼록한 진한 초록빛 창공에는 태양이 작은 모양으로 반짝이며 비치고 있다. 아! 크고 텁수룩하고 전원시풍인 머리가, 내가 그를 올바르게 평가하고 있고, 또 내가 사전을 집필하는 그런 사람들보다 더 낫고, 거의 자기만치 좋은 사람이라는 것을 알고 있다면, 얼마나 저 아둔한 사람을 지칭하기 위해 좋을까!"

그리고 나는 그 책의 가장자리에 적었다. "당나귀 학(여성명사): 이 단어는, 물론 아이러니컬하게, 사전들에 그런 글을 올리는 저 아둔한 사람을 지칭하기 위해 쓰인다."

LVI · 성체(聖體)

우리가 채소재배 농원에서 푸엔테 거리를 지나 집으로 돌아오는 길에, 아로요스 지역에서 벌써 세 번이나 들었던 종들이 이제 널리 포고하는바, 청동(靑銅)으로 진동하는 대관식(戴冠式)으로 하얀 소도시를 뒤흔들고 있다. 장중한 종소리는, 불꽃을 튀기며 요란하게 상승해서는 밝은 대낮에 검게 터지는 로켓들 가운데, 또 그 째지는 취주악이 연주 되는 가운데, 그냥 계속해서 위로 울려 퍼진다.

흰 석회를 새롭게 칠하고 붉은 황토로 도로변을 다듬은 거리에는, 포프라 잎들과 등심초 잎들로 온통 초록색이다. 창문들은 진홍색 능직, 노란 무명, 푸른 하늘빛 공단으로 된 장식용 겉 덮개들을, 그리고 상(喪)중인 경우엔 흰 바탕에 검은 리본을 단 것을 전시하고 있다. 가장 멀리 떨어져 있는 집들 근처에 있는 주랑(柱廊)들의 모퉁이에, 거울 십자가가 뒤늦게 등장한 석양빛을 모아, 모든 것을 분홍빛으로 물들이며 방울방울 떨어지는 붉고 가는 초들의 불빛을 벌써 흡수하고 있다. 천천히 그 행렬은 지나간다. 바삭바삭한 롤빵들과 함께 가는 진홍빛 깃발, 빵 굽는 상인들의 수호성자인 성(聖) 로케. 담녹색 깃발과 손에 은으로 된 배를 쥐고 가는 항해자들의 수호성자인 성 텔모. 노란 깃발과 작은 소 멍에를 들고 가는 농업 일꾼들의 수호성자인 성 이시드로. 그리고 더 많은 색채들의 더 많은 깃발들, 그리고 더 많은 성자들, 그 다음으로는 어린 성모에게 가르침을 주고 있는 성녀 안나, 그리고 회갈색의 성 요셉, 그리고 하늘빛의 무염시태(無染始胎) 성모……. 끝으로, 민방 경찰대에 둘러싸인 성체 현시대(顯示臺)인 구멍이 송송 뚫리고, 알맹이가 여문 이삭들과 에메랄드빛의 포도들로 장식된 은제상자가, 하늘같이 푸른 향연(香煙)의 구름에 감싸여 천천히 다가온다.

해가 지는 저녁에, 안달루시아 억양의 라틴어 시편(詩篇)이 명료하게 솟아오른다. 이미 분홍빛인 태양빛은, 강변로를 따라 내려오면서, 미사복과 제의(祭衣)들에 아로새긴 묵직한 금색 자수(刺繡)에 부딪혀 깨진다. 저 위, 주홍빛 탑 주위로, 청량한 유월 저녁 시간에 유난히 반지르르한 오팔 위로, 비둘기들은 불타는 백설(白雪)의 화환들을 수놓고 있다…….

플라테로는 그 적막한 정적 속에서 나귀 울음을 터뜨린다. 그리고 그의 겸허함은, 곧 종소리, 폭죽, 라틴어, 그리고 모데스토[36]의 악대와 친숙하게 잘 어울려, 다시금 그 날의 밝은 신비를 되살린다. 그리고 나귀 울음소리는 거만에서 달콤하게, 비천함에서 신성하게 된다.

LVII · 산책

여름날, 부드러운 인동덩굴이 무성한 협곡을 지나가는 것은 우리 둘에게 얼마나 상쾌한 일인가! 나는 읽거나, 노래하거나, 하늘을 향해 시를 암송한다. 플라테로는 그늘진 제방의 성기게 난 풀을, 당아욱의 먼지 낀 꽃봉오리들, 노란 괭이풀을 조금씩 뜯어 먹는다. 그는 걷기보다 서는 일이 더 많다. 나는 그가 하는 대로 내버려둔다…….

황홀해하는 나의 눈은 시선의 화살들을 저 푸르고, 푸르른

36 "Modesto"는 '겸허하다'는 뜻으로 사람과 명소의 이름으로 잘 쓰인다.

하늘에 날리고, 그 하늘은 열매가 주렁주렁 달린 아몬드 나무들 위로 궁극적 영광의 높이까지 솟아오른다. 온 시골 풍경은 정적 속에서 열을 받아 이글거린다. 강물 위에는 작은 흰 돛단배가, 마치 영원 속에 꽂힌 듯, 바람 없는 한 곳에 그냥 머물러 있다. 산악지대가 시작되는 지점에서 짙게 피어오르는 산불의 매연이 검은 구름처럼 뭉게뭉게 퍼져 나간다.

하지만 우리의 산책은 매우 짧다. 그것은 다양한 삶속에서 부드러운 무방비 상태의 하루와 같다. 하늘의 신격화도, 저 강이 흘러들어 가는 대양도, 또는 화염의 비극도 없다!

오렌지 향기가 풍겨 오는 가운데 들려오는 우물 도르래의 소리는 즐겁고 시원하다. 플라테로는 나귀울음을 터트리고 즐겁게 까분다. 얼마나 소박한 일상의 즐거움인가! 이제 작은 저수지에 도착하여, 나는 잔을 가득 채워 빙수를 들이마신다. 플라테로는 그늘진 물속에 입을 들이대고 그 가장 깨끗한 부분 여기저기서 쭉쭉 게걸스레 마신다…….

LVIII · 닭싸움

나는 그 역겨운 느낌을 무엇과 비교할지를 모른다, 플라테로야……. 해상이나 푸른 하늘을 배경으로 펼쳐지는 국기(國旗)

의 매혹이 없는, 진홍빛과 금빛의 날카로움. 그렇다. 그것은 우엘바에서 세비야 구간의 기차역들처럼, 아마도 투우장의 푸른 하늘을 배경으로—무어인 방식으로—올린 스페인의 국기렸다. 갈도스[37]의 책들 표지들에서, 정부전매 담배 가게들에서, 조금 오래된 모로코의 전쟁[38]을 묘사하는 저질 그림들에서, 눈에 띄게 불유쾌한 적색과 황색……. 다이아몬드 카드에 축산업자들의 낙인이 있는 카드들, 여송연과 건포도 상자들에 찍힌 천연색 석판인쇄 그림들, 포도주 병들의 레테르들, 푸에르토 학교 상장(賞狀)들, 초콜릿 포장지의 작은 인쇄 그림들에서 언제나 느끼곤 했던 그런 역겨움이다…….

거기로 무엇 때문에 나는 가고 있었던가, 또는 누가 나를 데리고 갔었나? 정오는 더운 겨울날 같았고, 모데스토 악단의 코넷 악기 같았다……. 새 포도주와 내뿜는 소시지, 잎담배의 냄새가 풍겨 왔다. 거기에는 지역의 국회의원이 시장(市長)과 우엘바 출신의 뚱뚱하고 번지르르한 투우사 리트리[39]와 함께 있었다……. 투계장은 작고 초록색이었고, 나무 테두리 위로 비쭉 내밀고 있는 것은 마치 마차에 실려 있는 소의 내장들이나 도살하는 날에 널려 있는 돼지 내장들처럼 충혈된 얼

---

37 맹목적 국수주의적이 아닌, 애국적 소설들을 쓴, 괄목할 만한 작가 갈도스(B. P. Galdós, 1843-1920)에 대한 다소 빈정대는 언급.

38 1859-1860에 있었음.

39 유명한 역대 투우사들 중 하나.

굴들이었다. 열기와 포도주로 인해 그들의 핏발 선 눈이, 그들의 저속한 심장 근육으로부터의 압력을 받아 앞으로 튀어나와 있었다. 그들의 고함소리들이 그들의 눈들로부터 나왔다……. 열기는 뜨거웠고, 모든 것—그렇게 작은 규모, 쌈닭들의 세계!—은 그 안에 갇혀 있었다.

그리고 거기에는 중천에 높이 뜬 태양의 명료한 햇살이 있었고, 그것을 끊임없이 천천히 가로질러 가는 푸른 연기가 햇빛을 흐릿한 유리처럼 보이게 할 때, 두 괴물 같고, 야생 심홍색 꽃들 같은, 가엾은 영국 수탉들은, 서로 서로 상대방을 찢어 뜯고, 눈들을 서로 때리고, 마주 뛰어오르며 인간의 증오를 서로서로에게 쏟아 붓고, 레몬 액이나 …… 또는 독을 입힌 그들의 며느리발톱으로 서로서로의 살점을 찢어 버리고 있었다. 그들은 아무 소리도 내지 않고, 그들은 아무것도 보지 않고, 거기에 있다는 것조차도 모르는 것 같았다…….

그런데 나는, 왜 나는 거기에, 그처럼 불편한 한가운데에가 있었던가? 나는 모른다……. 아주 이따금씩 나는 공중에서 펄럭이고, 해변에 정박한 보트의 찢어진 돛 사이로 싱싱한 오렌지 나무를 바라보았는데, 그것은 바깥의 순수한 햇빛을 받아 함빡 핀 흰 꽃을 통해 대기에 향기를 뿜어내고 있었다…….
나의 영혼은 향기롭게 생각하였다, "꽃을 피우는 오렌지 나무가 되는 것, 시원한 미풍이 되는 것, 하늘 높은 해가 되는 것은 얼마나 멋지냐!"

그럼에도 불구하고, 나는 자리를 뜨지 않았다…….

LIX · 해질녘

마을에 황혼이 깃들어 내가 평화롭고 나른한 명상에 빠질 때, 시적인 힘이 얼마나 마음속에서 일어나 저 먼 곳에 있는 것들, 또한 거의 알지 못했던 것의 혼란스러운 회상들을 불러일으킨단 말인가! 어떤 전염되기 쉬운 매혹이 온 마을을 길고 슬픈 사고(思考)의 십자가에 못 박아 놓은 듯하다.

선선한 별들 밑 타작마당에서 깨끗이 타작된 풍요로운 곡식의 냄새가 풍겨 오고, 곡식은 쌓아 올려져 막연한 언덕들을 이루었다—오, 솔로몬이여!—부드러운 누런 산더미들. 일꾼들은 밑에서 졸린 듯이 노곤한 투로 낮게 노래한다. 과부들은, 그들의 현관 통로에 앉아서, 마당 뒤편 아주 가까이에 잠들어 있는 자신들의 사별한 자들을 생각한다. 아이들은, 새들이 한 나무에서 다른 나무로 날아다니듯, 한 그늘에서 다른 그늘로 뛰어다닌다…….

등유 불빛에 차츰 불그스레해지는 검소한 집들의 회칠한 벽들 위에 서성이는 어두운 석양빛 속에, 희미한 검은 그림자들이 흙빛을 하고, 조용히, 서글프게 지나간다. 새 거지, 개간

지를 향해 걷고 있는 포르투갈 인, 아마도 도둑인지도 모를 인물도 하나 있다. 흠칫 놀라게 하는 그의 검은 양상(様相)은 느릿하고 신비한 자색의 황혼이 익숙한 주변 사물에 부여하고 있는 온화함과 대조를 이룬다……. 어린 개구쟁이들은 떠나가 버리고, 불이 없는 출입구의 신비로운 어둠 속에서는 '폐병에 걸린 공주를 치료하기 위해서 어린애들의 지방을 빼내는' 사람들에 대한 얘기가 오간다……

LX · 도장

바로 그것은, 플라테로야, 회중시계와 같은 모양이었어. 사람들이 은으로 된 작은 상자를 열었을 때, 보라색 스탬프 대에 꼭 붙어 있는 모습이 보금자리 안에 있는 새와 같았다. 내가 그것을 희고 엷은 자주색 손바닥에 잠시 누르고 난 다음, 내 손이 배열된 글자를 보여주었을 때, 그 감회는 이루 다 말할 수가 없었다.

프란시스코 루이스

모게르

나는 얼마나 돈 카를로스 초등학교의 내 동무가 가지고 있었던 스탬프를 부러워하였던가! 나는 우리 집 이 층의 오래된 책상 서랍에서 발견한 활자 상자를 가지고 나 자신의 이름을 가진 스탬프를 만들려고 해보았다. 그런데 그것은 제대로 만들어지지 않았고, 무엇보다도 문제는 제대로 찍히지 않았다는 것이다. 그것은 글자배합을 여기저기에, 책에다, 벽에다, 너의 피부에 그처럼 손쉽게 남겨 놓았던 것과는 같지 않았다.

프란시스코 루이스
모게르

어느 날, 필기도구들을 취급하는 여행 판매원이 아리아스라는 세비야 출신의 은세공자와 함께 나의 집에 왔다. 눈금자들, 컴퍼스들, 유색 잉크들, 스탬프들로 구색을 맞춘 얼마나 매혹적인 진열이었던가! 그것들은 온갖 모양과 크기를 갖추고 있었다. 나는 저금통을 깨부수고 그 안에서 발견한 오 페세타짜리 은화로 나의 이름과 도시가 적힌 스탬프를 주문했다. 얼마나 오래 기다리던 한 주였던가! 우편마차가 도달했을 때마다 얼마나 내 가슴은 뛰었던가! 우편배달부의 발걸음이 빗속에서 저리로 옮겨갔을 때 나는 얼마나 서글픈 진땀을 흘렸겠는가! 드디어 어느 날 밤, 그는 내게 그것을 가져다주었다. 그것은 연필, 펜, 봉인 밀랍용 머리글자들, 또 그 밖의 다른 것들을 담고 있는 작은 복잡한 장치였다. 용수철을 눌렀을 때, 거기에는 작은 스탬프가, 손때 묻지 않은 아주 새것이 놓여 있었다.

나의 집에 어느 것 하나 스탬프가 찍히지 않은 것이 있었던가? 무엇이 내 것이 아니었나? 만약 누가 내게 스탬프를 찍어 달라고 청할 때마다—조심해야지, 너는 그것을 닳아빠지게 할 것이다!—얼마나 나는 마음을 졸였던가! 그 다음 날, 나는 신바람이 나서 그 글자배열이 찍힌 모든 것을, 책들, 겉옷, 신발, 손들을 학교에 가지고 갔다.

후안 라몬 히메네스
모게르

LXI · 갓 낳은 새끼들을 거느린 암캐

내가 말하고 있는 암캐는, 플라테로야, 명사수(名射手) 로바토에게 속한 개란다. 우리가 그 개를 야노스로 가는 길에서 가끔 보았기 때문에, 너는 그 암컷을 잘 알고 있을 것이다……. 기억나니? 오월의 구름 낀 석양과도 같이 금빛과 흰빛이 어우러진 모습이었다……. 암컷이 얼마 전에 새끼 네 마리를 낳았는데, 우유 장수 살루드(Salud)가 네 마리 새끼들을 마드레스 거리에 있는 그녀의 오두막으로 데려다 놓았다. 이윤즉슨 그녀의 아이 하나가 죽게 되었는데, 돈 루이스가 그녀에게 말해주기를, 아이에게 새끼를 고은 개장국을 먹이면 효험이 있다는 것이었다. 로바토의 집에서 타블라스 거리[40]를 지나 마드레스 다리까지 얼마나 먼 거리인지 너는 잘 알고 있지…….

플라테로야, 사람들 말에 의하면, 그 개는 들락날락 하며, 길의 저 밑쪽을 바라보고, 제방들을 올라가고, 지나가는 사람들의 냄새를 맡아보면서, 하루 종일 미친 듯이 돌아다녔다는 것이다……. 만종이 울릴 무렵, 암캐는 오르노스 거리[41]의 경비초소 옆 석탄 포대들 위에서 여전히 앉아서 지는 해를 향해 서글피 짖어 대는 모습이 목격되었다는 것이다.

너는 중앙로에서 타블라스 거리까지 얼마나 먼지를 잘 알고 있겠지……. 그 개는 밤새동안 네 번 왔다 갔다 했는데, 그럴 때마다 그녀는 한 새끼를 그녀의 입에 물고 데려왔단다, 플라테로야. 그리고 새벽에, 로바토가 그의 현관문을 열었을 때, 거기에는 문지방에 앉아 그녀의 주인을 상냥하게 쳐다보고 있는 암캐와 더불어 분홍빛 통통한 젖꼭지들에 어설프게 매달려 떨며 젖을 빨고 있는 새끼들 모두가 있었단다…….

---

40 습지에 널빤지(Tabla)들을 깐 통로.

41 여기서 오르노(horno)는 숯 굽는 가마를 뜻한다.

LXII · 그녀와 우리

플라테로야, 그녀는 검은 기차를 타고 떠나고 있었어. 어디로? 기차는 고가(高架) 위에서 햇빛을 받아 반짝거리며, 크고 흰 구름 속을 덜컹거리며 북쪽으로 달리고 있었어.

나는 너와 함께 거기 아래, 칠월에 벌써 잿빛 작은 화환을 부여받은 붉은 양귀비꽃들의 피가 온통 흩뿌려지고, 바람에 출렁이는 노란 밀밭 가운데, 서 있곤 했었지. 그리고 하늘색처럼 푸른 증기의 옅은 구름들은—기억나니?—한순간 해와 꽃들을 침울하게 해 놓고, 허공 속으로 허무하게 굴러가 버렸지…….

검은 베일을 쓴 짧은 금발 머리였어!…… 그녀는 질주하는 차창(車窓) 틀 안의 환영(幻影)의 초상화 같았어.

아마도 그녀는 생각했겠지. '저 작은 은빛 당나귀와 함께 서 있는, 저 상복(喪服)을 입은 사람은 누구일까?'

누구겠어! 우리가 …… 맞지, 그렇지 않니, 플라테로야?

LXIII · 참새들

성 야고보의 축일 아침은, 마치 솜 속에 감싸여 있는 듯, 흰 구름과 회색 구름으로 덮여 있다. 사람들은 모두 미사에 참여하러 갔다. 우리는 정원에 머물렀다. 참새들과 플라테로, 나 말이다.

참새들! 때때로 작은 몇몇 빗방울들을 떨어트리는 둥근 구름들 아래서, 달라붙으며 뻗어 오르는 덩굴로 그들이 들어가고 다시 나오며, 짹짹거리고, 부리들을 서로 맞대는 모습이라니! 한 놈은 가지에 가볍게 앉더니, 다시 떠나면서 가지를 떨게 만든다. 다른 놈은 조금 움푹 파인 우물 가장자리에서 한 모금의 하늘을 들이 마신다. 또 다른 놈은 헛간의 작은 지붕 위로 뛰어 내렸는데, 안엔 흐린 날씨에 더 반짝이는 거의 말라버린 꽃들로 채워져 있었다.

고정된 휴일이 없는, 축복받은 새들이여! 타고난 그리고 참된 단조로움 속에서 자유로우니, 종소리들은 그들에게 어떤 막연한 행복감 외에 별다른 의미를 갖지 못한다. 어떤 치명적인 의무도 없이, 또 가엾은 노예근성의 인간을 황홀하게 또는 겁나게 만드는 천국들이나 지옥들도 없이, 그들이 지니고 있는 것 외에는 어떤 도덕적 의식을 지니고 있지도 않고, 또는 푸른 하늘 이외의 어떤 신을 섬길 필요도 없이 살아가는 그들은 나의 형제들, 나의 다정한 형제들인 것이다.

그들은 돈이나 행낭을 챙기지 않고 여행한다. 그들은, 그렇게 하고 싶으면, 언제나 거처를 바꾼다. 그들은 낌새로 개천을 찾아내고, 잎이 많은 가지를 멀리서 예감하며, 행복에 도달하기 위해서는 그들의 날개를 그저 펼치기만 하면 된다. 그들은 매번 월요일이나 토요일에 대해 아무것도 모른다. 그들은 어디에서나 또 어느 때이건 간에 목욕을 한다. 그들은 이름 없는 사랑을 사랑하는데, 그것은 기술(記述)될 수 없는, 그 모든 것을 통합하는 사랑 바로 그것이다.

그리고 사람들—가엾은 사람들!—이, 그들의 문들을 잠가 놓고 일요일에 예배드리러 미사에 가면, 참새들은 격식 없는 사랑의 즐거운 본보기를 보이는 듯, 신선하고 경쾌하게 지저귀며, 갑자기 문이 잠긴 집들의 정원에 오는데, 그곳에서는 그들이 이미 잘 알고 있는 시인과 부드러운 작은 당나귀가—너도 합세시켜 줄까?—그들을 형제처럼 바라본단다.

LXIV · 프라스코 벨레스(Frasco Vélez)

오늘 우리는 밖으로 나갈 수 없단다, 플라테로야. 나는 이제 막 에스크리바노 광장의 게시판에서 시장의 공고문을 읽었다.

> 명망 높은 도시 모게르의 거리를 입마개를 하지 않고 지나다니는 모든 개는 나의 직할 보안관들에 의해 사살될 것이다.

그 말은, 플라테로야, 읍내에 미친개들이 있다는 뜻이다. 나는 간밤에 이미 시(市)의 경비원들과 통행료 징수원들로 구성된 '야간 기동대들'에 의해 발사된 많은 총성들을 들었다. 이건 프라스코 벨레스에 의해 몬토리오, 카스티요. 트라스무로스 구역들에 만들어진 조직이다.

천치 여인 롤리야는 현관과 창에 대고 큰 소리로 그런 미친개들은 없다고 외치고, 우리의 현(現) 시장이, 전(前) 시장 바스코가 엘 또토[얼간이]를 유령으로 둔갑시킨 것과 똑같은 방식으로, 그의 용설란과 무화과 밀주를 밀수하기 위해[42] 한적한 곳을 찾아 그의 총탄을 발사하는 것이라고 푸념한다. 그런데 만약 그게 사실이고 어떤 미친개가 너를 문다면 어떻게 하지? 나는 그런 것을 상상하기도 싫단다, 플라테로야.

LXV · 여름

플라테로는 등에들에 물린 자국들로부터 진한 보랏빛 피를 흘리고 있다. 매미들은 소나무에 톱질하고 있는데, 그 일은 끝

---

42 원문에 나와 있는 "pasar"는 여기서 이중의미를 띤다고 여겨지는데, 일차적으로는 "통과하다"라는 뜻이지만, 그 다른 전용에서는 "술을 진탕 마시다"라는 뜻과 또 "밀수하다"라는 뜻이 있음.

날 기미가 보이지 않는다……. 내가 한순간 깊은 잠에 빠졌다가 눈을 뜨니, 모래투성이 들판 풍경이 내게는 하얗게 보였고, 자신의 열정으로 차갑게, 유령같이 보인다.

낮게 무성히 자란 물푸레나무들은 자신들의 매우 엷은 큰 꽃들로, 연기의 장미, 가제, 박엽지(博葉紙)로, 진홍빛 네 눈물방울이 찍힌 둥근 꽃들로 온통 번쩍인다. 질식시킬 것 같은 하얀 먼지가 땅딸막한 소나무들을 뒤덮고 있다. 내가 지금껏 한 번도 본 적이 없는, 검은 점들이 있는 노란 새 한 마리가 조용히 나뭇가지에 앉아 서성이고 있다.

과수원 관리인들은, 오렌지들을 훔쳐 먹기 위해 하늘 가득한 무리를 지어 습격해오는 그 긴꼬리오리들을 놀라게 해 쫓아 버리기 위해, 그들의 양철 깡통들을 두드린다……. 우리가 그 큰 호두나무의 그늘에 도달하자, 나는 수박 둘을 반으로 쪼개니, 진홍과 분홍이 섞인 어린 속살이, 삐걱 소리를 길게 시원하게 내며 드러난다. 나는 저 먼 읍에서 들려오는 저녁 종소리를 들으며 내 몫을 천천히 먹는다. 플라테로는 설탕같이 달콤한 과육을, 마치 그것이 물인 듯이, 들이마신다.

LXVI · 산불

큰 종소리다!…… 세 번…… 네 번 타종했다……. 불이야!

우리는 우리의 저녁상을 그대로 내버려 둔 채, 작은 나무 층계의 좁은 어두움에 마음이 조여 오는데, 초조하고 힘든 침묵 속에서 옥상으로 올라갔다.

…… "루세나(Lucena) 근방의 들판이에요!" 하고 벌써 위에 올라가 있던 아니야가 우리가 어둠 속으로 머리를 들이밀기도 전에 아래층을 향해 소리친다……. 땅, 땅, 땅, 땅! 우리가 밖에 나오니, 신선한 공기는 얼마나 기분 좋은가! 타종 소리는 우리의 귀에 망치질을 하고 우리 마음을 짓누르며 견고하고 폭넓게 울려 퍼진다.

"큰 불이네, 큰 불이야…… 진짜 산불이야……"

그렇다. 소나무들의 검은 지평선 위로 멀리 보이는 화염은 들쭉날쭉한 모양 속에서 태연해 보인다. 그것은 흑색과 진홍색으로 구성된 에나멜과 흡사하고, 배합되지 않은 흑색, 적색, 흰색으로만 화염을 그리는 피에로 디 코지모의 그림 〈사냥 장면〉을 연상케 한다. 어떤 순간들에는 그것은 더 명료하게 솟아오르고, 다른 순간들에는 떠오르는 달빛처럼 거의 분홍빛을 띤다……. 8월의 밤은 깊고 조용하여, 불이, 어떤 영원한 원소인 양, 그곳에 영원히 정착한 것이 아닌가 하는 생각도 들 만하다……. 어느 별똥별이 하늘의 반쯤 가로질러 지나가서는 몬하스 수녀원 위 창공 속으로 가라앉는다……. 나는 다시금 나 자신으로 돌아온다…….

저 아래 뜰에서 들려오는 플라테로의 나귀 울음소리는 나를 다시 현실로 되돌아오게 한다. 모두 내려갔다……. 그리고 벌써 포도 수확기가 다가와, 나를 엄습하는 오싹한 온화한 밤에, 내가 어렸을 적에 산들을 태웠다고 생각했던 일종의 멋쟁이 남자(Pepe el Pollo)—모게르 식의 어떤 오스카 와일드[43]—가 이제는 조금 늙고, 회색 빛 곱슬머리와 여자처럼 둥글둥글한 모습을 하고, 검은 조끼, 주머니에는 지브롤터 산(産)의 긴 성냥들이 넘쳐 나는 백색과 갈색의 큰 체크무늬가 있는 바지를 입은 그런 사람이 내 옆을 지나갔다고 느꼈다…….

LXVII · 개천

이 개천은, 플라테로야, 이제는 말라붙고 말 목장으로 가는 길인데, 내 오래된 '노란 책들'에서 찾아볼 수 있단다. 가끔 참으로 햇빛에 찌든 양귀비꽃들과 떨어진 살구들이 널려 있는 초지(草地) 위의 메워진 우물 옆에 나란히 있기도 하고, 또 어떤

43 Oscar Wilde, 영국의 심미주의적 퇴폐주의적 작가(1856-1900).

때는, 나의 상념 속에서, 우의(寓意)적 중첩과 변화를 거쳐, 존재하지 않는, 단지 기대하는 먼 곳들로 옮겨 간다…….

개천을 따라, 플라테로야, 유년 시절의 상상력은, 야노스 개천이 노래하는 포플러 나무들의 숲을 거쳐 안토니오 로(路)를 둘로 나누는 개천이라는 사실을 알게 되었을 때, 태양을 향한 민들레의 관모(冠毛)처럼 미소를 지으며 빛났단다. 또 혹자가 여름철에 그 말라붙은 자갈 바닥을 따라가면, 여기에 당도하게 되었다는 것, 또는 혹자가 겨울철 저곳에서, 그 포플러 나무들 사이에서, 코르크나무 껍질로 만든 작은 배 한 척을 띄웠다면, 그것은 앙구스티아스에 있는 다리 밑—황소들이 지나갈 때면, 내가 그리로 피난하곤 한 곳—을 항해하면서 이 석류나무들이 있는 여기까지 도달하리라는 것이었다…….

어린 시절의 상상력들은 얼마나 매혹적인가, 플라테로야! 나는 네가 그런 상상력들을 갖고 있는지 또는 가져 본 적이 있는지 모르겠다. 기쁘고 빛나는 변화 속에서 모든 것은 오고 가고 한단다. 모든 것은 보이기도 보이지 않기도 하는데, 오히려 너의 마음속에서 그것은 순간적인 이미지이다……. 그리고 너는 반쯤 눈먼 장님 상태로 배회하며, 바깥만큼 내면을 들여다보고, 가끔 너는 영혼의 그늘 속에다 느끼거나 보거나 상상한 삶의 이미지들의 하중(荷重)을 쏟아 붓는다. 또는 어느 참된 꽃처럼 내면을 열어 햇빛에 보이며 그것을 실제 생활의 강 언덕에 올려놓는데, 그것은 그 후 다시는 조우(遭遇)하지 못하는 밝게 비추어진 영혼의 시(詩) 그 자체에 다름 아니다.

LXVIII · 일요일

가까이서 들리다가 멀리서 들려오는 요란한 종소리가, 마치 모든 창공이 유리로 만들어진 듯이, 일요일 아침 하늘에 울려 퍼진다. 그리고 벌써 조금 힘겨워 하는 산야는 경쾌하고 화려한 소리로부터 떨어지는 음향들로 도금(鍍金)되는 듯하다.

모든 사람은, 전답 관리인까지, 행렬을 보러 읍내로 갔다. 단지 플라테로와 나만이 뒤에 남았다. 이런 평온함이 어디에 있나! 이런 순수함이 어디에 있나! 이런 안락함이 어디에 있나! 나는 플라테로를 높은 초원에 남겨 두고, 나는 자리를 뜨지 않은 새들로 가득한 소나무 밑에서 책을 읽기 위해 몸을 쫙 뻗는다. 오마르 카이얌[44]…….

9월 아침의 내부에서 웅얼거리고 붕붕대는 소리와 종소리 사이의 침묵은 존재감과 반향을 획득한다. 검고 누런 장수말벌들은 싱싱한 머스캣 포도송이들로 늘어진 포도넝쿨 주변에서 날아다니고, 꽃들과 뒤엉켜 구별이 안 되는 나비들은, 펄렁

---

44 Omar Khayyam, 페르시아의 수학자이며 시인(1047-1122)으로 그의 향락주의 철학적 사행시로 유명하다.

거리며 주변을 맴돌 때, 변형된 색채들의 옷으로 갈아입는 것 같다. 고독은 위대한 빛의 사고(思考) 같다.

아주 이따금씩, 플라테로는 먹는 것을 멈추고 나를 바라본다……. 아주 이따금씩 나도 독서를 멈추고 플라테로를 바라본다…….

LXIX · 귀뚜라미의 노래

우리가 야간에 거닐 때, 플라테로와 나는 귀뚜라미 노래와 아주 친근해진다.

황혼녘에 들리는 귀뚜라미의 첫 노래는 주춤거리고, 낮고, 거칠다. 그것은 음조를 바꾸며, 자신으로부터 배우다가, 마치 그 시간과 장소의 조화를 찾고 있는 듯이, 점차로 음조가 올라가면서, 그것의 고유한 위치를 발견한다. 갑자기, 별들이 이제 투명한 초록빛 하늘에 나타나자, 노래는 자유롭게 흔들리는 찌르릉 종소리의 달콤한 선율을 탄다,

시원한 보랏빛 미풍들은 오고 가고 한다. 밤의 꽃들은 봉오리를 완전히 열고 있고, 평야 위로는 하늘과 땅의 푸른빛이 뒤섞인 목장들의 순수하고 신성한 향기가 넘쳐흐른다. 그리고 귀뚜라미의 노래는 이제 뽐내며, 어둠의 소리와도 같이 온

산야를 뒤덮는다. 그것은 이제는 더 이상 주춤거리지도 않고 또는 조용해지지도 않는다. 자신의 몸에서 분수처럼 쏟아지며, 각 음은 다른 음과 쌍둥이, 어두운 수정들의 형제애 같다.

시간들은 고요히 간다. 이제 세계에는 전쟁이 없고, 농부는, 그의 꿈속 깊이 있는 하늘을 보면서, 곤히 잠을 잔다. 때때로 연인들은 어도비 벽돌담에 매달린 넝쿨들의 길을 따라 지나가며 서로 눈을 맞추고 어쩔 줄 모르며 즐거워한다. 콩밭들은, 마치 구속을 받지 않는, 담백한, 벌거벗은 청춘기 젊은이들인 양, 읍내에 부드러운 향기의 소식들을 전해 온다. 그리고 바람에 출렁이는 밀밭은 달빛 속에서 초록빛을 발하고 있고, 두 시, 세 시, 네 시의 미풍을 맞으며 탄식하고 있다……. 귀뚜라미의 노래는 모든 음향 속에 묻혀 버리고 말았다…….

저기 귀뚜라미 소리가 있다! 오, 플라테로와 나는 오싹한 냉기가 우리를 엄습하는 가운데, 이슬로 희게 덮인 길들을 따라, 우리의 침상을 향해 집으로 돌아가는데, 새벽녘에 들려오는 저 귀뚜라미의 노래 소리! 달은 불그스름히 졸린 듯 이울고 있다. 이맘때면 노래는 달빛에 취해 있고 별빛에 도취되어 낭만적이고 신비하게 되어 아낌없이 주고 있다. 바로 그 시각에 슬픈 푸른 자색 가장자리를 보이며 애도하는 듯이 보이는 두세 개의 큰 구름들이 바다로부터 태양을 들어올린다. 천천히…….

LXX · 투우

내가 장담하건대, 플라테로야, 너는 저 소년들이 무엇 때문에 왔는지 모를 것이다. 오늘 오후에 있을 투우 경기장의 열쇠를 찾으러 너를 올라타게 너를 빌려줄 건지를 알아보기 위해서란다. 그러나 조금도 염려마라. 나는 그들에게 그런 생각일랑 그들의 머리에서 싹 씻어 버리라고 벌써 얘기했단다…….

그들은 정신 나간 사람들 같았다, 플라테로야! 온 읍내가 투우로 인해 흥분해 있다. 악대는 새벽부터 술집들 앞에서 연주하고 있는데, 이제 그 소리에 금이 가고 곡조도 어긋나 있다. 마차들과 말들은 누에바 거리를 오르락내리락 하는구나. 사람들은 저쪽 뒷길에서 아이들이 그처럼 좋아하는 '카나리아 새', 즉 투우사용 노란 마차를 준비하고 있다. 집들의 안뜰에는 꽃들이 하나도 없는데, 그것들은 주재하는 숙녀들에게 바치기 위해 그리로 가져갔던 것이다. 젊은이들이 하릴없이[45] 그들의 챙 넓은 모자를 쓰고 잠방이를 걸치고, 여송연을 물고, 마구간과 브랜디 냄새를 풍기며 길을 타박타박 내려가는 것을 보는 것은 마음 아픈 일이다…….

두시 경, 플라테로야, 그러니까 햇볕이 내리쬐는 고독한 시간에, 투우사들과 숙녀 후원자들이 옷을 차려입고 있는 밝

---

45 그 당시의 실업자 군상을 연상시킨다.

은 막간의 시간에, 너와 나는 뒷문으로 빠져나가 오솔길을 타고 작년처럼 산천으로 향할 것이다…….

이런 축제날들에 모든 사람이 등을 돌린 산야는 얼마나 아름다우냐! 기껏해야 어느 포도원이나 과수원에서 자그마한 노인이 깨끗한 개울을 굽어보며 아직 익지 않은 포도 넝쿨에 기대어 있는 것이 눈에 띈다……. 저 멀리서, 읍내 위로 속된 왕관처럼 공중에는 천진난만한 외침소리, 손뼉 치는 소리, 또 투우장의 음악소리가 들려오는데, 너희가 바다 방향으로 차분히 더 멀리 가면 갈수록 그 소리는 희미해진다……. 그리고 우리의 영혼은, 플라테로야, 영혼이 지닌 감정의 힘으로 자신이 소유하는 것의 참된 여왕임을, 또 자연의 장대하고 건강한 신체의 여주인임[46]을 느낀단다. 자연은, 존중될 때, 그만한 자격이 있는 인간에게 자연의 찬란하고 영원한 미(美)의 광경을 제공한단다.

LXXI · 폭풍우

두려움. 숨을 죽이고 있다. 식은땀이 흐른다. 무섭고 낮은 하

---

46 참조 H. F. Amiel(1821-81)의 명언. "Tout paysage est un état de l'âme. 모든 풍경은 영혼의 한 상태이다." 영혼과 자연의 교감을 암시한다.

늘은 새벽을 억누르고 있다. (도망갈 구멍이 없다.) 침묵……. 사랑은 멎는다. 죄의식은 떨고 있다. 후회가 우리의 눈을 감긴다. 좀 더 침묵이 흐른다…….

천둥소리는, 무엇에 감싸인 듯 잘 들리지 않다가, 반향을 일으키며, 결코 충분히 쉽게 끝나지 않는 하품처럼 끊일 새가 없이, 하늘 꼭대기에서 읍내로 떨어지는 엄청난 양의 돌들처럼, 황량해진 아침을 뚫고 멀리 또 넓게 퍼져 나간다. (도망갈 곳이 없다.) 모든 연약한 것—꽃들, 새들—은 삶으로부터 자취를 감춘다.

겁에 질려 두려움은 반쯤 열린 창문 밖으로 신을 향해 바라보는데, 신은 비극적으로 조명되어진다. 저기 동쪽에서 구름 조각들 사이에서 검은 것을 극복하지 못하는 슬픈, 칙칙한, 차가운 담자색과 분홍빛이 보일 뿐이다. 이제 네 시로 밖에는 보이지 않는데, 여섯 시 합승마차 소리는 비가 쏟아지는 가운데 길모퉁이에서 들려오고, 마부는 두려움을 쫓아내려고 노래를 부르고 있다. 이윽고 포도 수확을 나르는 마차 하나가 텅 빈 채 급히 지나간다…….

삼종(三鐘, Angelus)이 울린다! 천둥치는 가운데 흐느끼고 있는, 방기된 듯이 고달픈 삼종 소리. 세상의 마지막 삼종인가? 그리고 너희는 종소리가 빨리 끝나거나 또는 폭풍우를 억누르고 잠재우기 위해 더 많이, 훨씬 더 많이, 울려 퍼졌으면 한다. 그리고 사람들은 울면서, 그들이 원하는 것이 무엇인지를 알지 못하며, 한곳에서 다른 곳으로 달려가고 있다…….

(달아날 구멍이 없다.) 모든 마음은 굳어져 있다. 아이들은 사방에서 소리친다…….

플라테로는, 그 뜰 안의 보호되지 않은 마구간에서 혼자 있을 텐데, 이에 어떻게 대처하고 있을 것인가?

LXXII · 포도 수확

플라테로야, 올해는 포도 짐을 지고 읍내에 들어온 당나귀가 별로 많지 않구나! 큰 글자로 적혀 있는 광고판들이 무색하다, '한 짐에 육 레알'[47] 단단한 과육 속에서 피같이 철철 흐르는—네가 피로 된 나라는 짐을 지고 가듯이—액체화한 금을 싣고 루세나, 알몬테, 팔로스에서 오는 당나귀들은 다 어디에 있단 말이냐? 포도즙 압착기들에 자리가 날 때까지 여러 시간을 기다리곤 했던 어슬렁대는 가축의 떼는 어디에 있는가? 포도즙은 온 거리에 넘쳐 나서, 여인들과 아이들은 주전자, 항아리, 통을 가지고 와 받아 가곤 했다…….

그런 지난날들에는, 플라테로야, 포도주 양조장들은 얼마

47 스페인의 은화로 네 레알레스(Reales)는 한 페세타(peseta)에 해당한다.

나 즐거운 곳이었던가, 특히 십일조 양조장 말이다! 훗날 지붕을 망가트렸던 큰 호두나무 밑에서 양조장 주임들은, 그들이 갓 만들어진 울림이 좋은 무거운 쇠사슬로 술통들을 씻어 냈을 때, 노래를 흥얼거리곤 했다. 또 술찌끼를 퍼내는 일군들은 포도 액이나 싱싱하고 거품이 이는 검붉은 포도주를 담은 주전자들을 들고 맨발로 돌아다니곤 했지. 그리고 뒤편 곳간 밑에서 통메장이들은, 깨끗하고 향기로운 대팻밥 가운데 서서, 흡족하고 울림이 좋은 망치질을 하였다……. 나는 알미란테를 타고 대문을 통해 그리로 들어가서는 다른 문으로 나오곤 했다. 서로 걸맞게 만든 쾌적한 문들인데, 문 하나는 자신이 각인하고 있는 삶과 빛을 다른 하나에게 전해 주었다. 거기에는 일꾼들의 애정도 곁들여 있었다…….

스무 개의 포도 짜는 기구들은 낮과 밤을 가리지 않고 작동하고 있었다. 어디에서 그런 광기, 그런 도취, 그런 열성적 낙천주의를 찾아볼 수 있겠는가! 올해는, 플라테로야, 그들은 자신들의 창문들을 닫아걸고, 앞뜰에 있는 것은 두세 사람으로도 족하고 남는단다.

그리고 이제, 플라테로야, 너는 무엇을 좀 해야겠다. 너는 언제나 빈둥빈둥 지낼 수는 없다.

…… 무거운 짐을 진 다른 당나귀들은 자유롭게 배회하고 있던 플라테로를 물끄러미 바라보고 있었다. 그들이 그를 싫어하거나 그를 고약하다고 생각하지 않게 하기 위해, 나는 그

와 함께 그 근처 타작마당으로 가서, 그의 등에 포도를 싣고, 그들 가운데서 아주 천천히 포도 압착장으로 데려간다……. 그런 다음 나는 그와 함께 남의 눈에 띄지 않게 살그머니 그곳을 빠져나온다…….

LXXIII · 야상곡[48]

축제의 불빛이 하늘까지 붉게 물들이고 있는 읍으로부터 맹렬한 향수를 일으키는 왈츠 곡들이 부드러운 미풍에 실려 들려온다. 닫힌 탑은 창백하고, 말없이, 딱딱하게, 보랏빛과 푸르스름한 빛과 짚처럼 누르스름한 빛의 림보 속에 배회하고 있는 것으로 보인다……. 그리고 저편 검은 교외 포도주 양조장들 뒤로 희미해지고 있는 달은, 노랗고 조는 듯이, 강 위로 고적하게 내려앉는다.

산야는 홀로 나무들과 나무들의 그림자와 함께 있다. 간헐적으로 들리는 귀뚜라미 소리, 보이지 않는 물들의 졸린 대화, 마치 별들이 녹아내린 듯한 축축함이 있다……. 플라테로는 따스한 마구간에서 서글피 당나귀 울음을 터트린다.

48 Nocturno, 야외의 밤 공연을 위한 세레나데풍의 악곡.

암염소는 깨어 있음이 틀림없다. 그것의 작은 방울소리는 끈질기게 딸랑거리고, 처음에는 거칠더니, 곧 부드러워진다. 드디어 그 소리마저 잠잠해진다……. 몬테마요르 저 멀리서 또 다른 당나귀가 울음을 터트린다……. 그러더니 또 다른 놈이 저 바예후엘로 길 밑에서 맞장구친다……. 개가 짖는다…….

밤은 투명하여 정원의 꽃들의 색채가 대낮처럼 보인다. 푸엔테 거리 마지막 집 근처, 가물거리는 붉은 가로등 밑에, 어느 고적한 사람이 모퉁이를 돈다……. 나인가? 아니다, 달, 라일락꽃들, 미풍, 그리고 그림자가 만들어 내는 저 향기로운 하늘처럼 푸른, 게다가 생동감 있고 도금된 것 같은 어스름 속에서, 나는 깊고 비할 데 없는 나의 마음의 소리를 듣고 있다…….

천체는 촉촉하게 부드럽게 돌고 있다…….

LXXIV · 사리토

포도 수확기(收穫期)의 진홍빛 오후 내가 개천가 포도원에 있을 때, 여인들이 내게 말해 주기를 어느 흑인 청년이 나를 찾고 있다고 하였다.

그가 이미 들길을 내려오고 있을 때, 나는 타작마당으로 향하고 있었다.

"사리토!"

친구는 나의 푸에르토리코 애인 로살리나의 하인 사리토였다. 그는 작은 읍들에서 투우를 하려고 세비야에서 도망쳐 나왔었다. 그리고 그는 이제 붉디붉은 투우사 망토를 어깨에 걸치고, 배가 고프고 돈 한 푼 없이, 니에블라로부터 걸어오고 있는 중이었다.

포도 따는 일꾼들은 그에 대한 경멸감을 굳이 감추려 하지 않고 그를 곁눈으로 흘겨보고 있었다. 여인들은 그들 자신의 이유에서보다 남자들의 시선을 의식해서 그를 피하고 있었다. 이에 앞서, 그가 포도즙 압착기가 있는 곳에 얼굴을 들이밀었을 때, 그는 이미 한 젊은이하고 싸움질을 벌여, 그로 인해 귀를 물어 뜯겼었다.

나는 그에게 미소 짓고 다정한 어조로 말했다. 그는 나에게 감히 애정표시를 못하고 대신, 거기서 포도를 먹으며 배회하고 있는 플라테로를 쓰다듬어 주었다. 그러면서 그는 고결한 눈매로 나를 쳐다보았다.

LXXV · 마지막 낮잠

내가 무화과나무 밑에서 잠들었다 깰 때, 오후 태양의 아름다움은 얼마나 처량하고, 누렇고, 빛바래 보이는가!

철쭉의 발산하는 향기, 건조한 미풍이 땀을 흘리며 깨어나는 나를 어루만져 준다. 온화한 노목(老木)의 가볍게 살랑거리는 큰 잎사귀들이 나에게 검은 옷을 입히는가 하면 곧 나를 눈부시게 한다. 그들은 햇볕에서 그늘로, 또 그늘에서 햇볕으로 움직이는 요람에 나를 태워 흔들어 주고 있는 듯하다.

저 멀리 인적이 끊긴 읍내에서, 수정처럼 맑게 파동 치는 기류 저편에서, 저녁 기도를 알리는 세 시의 종소리들이 들려온다. 종소리를 들으면서, 진홍빛 달콤한 서리 낀 큰 수박을 내게서 빼앗아 간 플라테로는 움직이지 않고 서서 나를 쳐다보고 있고, 그의 큰 눈 위에는 끈적거리는 초록색 파리가 움직이고 있다.

그의 나른한 눈을 대하며, 나 자신의 눈도 다시 나른해진다……. 미풍은 날개를 펴고 날려는 나비와 같이 느릿느릿 되돌아오지만, 느슨한 날개들은 갑자기 접히고, 나의 흐늘흐늘한 눈꺼풀들도 갑자기 감는다…….

LXXVI · 불꽃놀이

9월 달 휴일 저녁이면, 우리는 빗물 저장소 곁에 감송(甘松)의 향기로 가득 찬 평화로움을 뒤로한 채, 축제에 들뜬 읍내 소리를 들으려고 채소 농원 뒤에 위치한 언덕에 올라가곤 하였다. 늙은 포도원지기 피오자는 타작마당에서 술에 취한 채 달을 마주보며 소라고둥을 몇 시간이나 불어 댔다.

불꽃놀이가 시작했을 때는 상당히 늦은 시각이었다. 처음에는 탕탕하는 소리가 둔탁하고 자지러드는 듯하였다. 그 다음엔 공중 높은 곳에서 탄식하며 터지는, 꼬리 없는 로켓들이 뒤를 이었다, 그것들은 어떤 상처 입은 눈처럼 작은 별들을 튀겨 내는 것 같았고, 한순간 온 산야를 붉은 빛, 자줏빛, 푸른빛의 옷을 입힌다. 또 다른 로켓들이 보이는데, 그들의 장려함은 나체의 처녀가 허리를 굽히고 있는 듯, 또는 빛의 꽃들을 흘리는 핏빛 수양버들인 듯도 하였다. 오, 저 불타는 공작새들, 공중에서 부유(浮游)하는 밝은 장미들의 덤불, 별들의 정원에 있는 불빛 꿩들의 모습이라니!

펑하고 터지는 소리가 들릴 때마다, 플라테로는 급작스러운 공간 조명 속에서 푸른빛, 자줏빛, 붉은빛을 받으며 움츠리곤 하였다. 그의 그림자를 언덕바지에서 크게 늘렸다가는 작아지게 하는 가물거리는 조명 속에서, 나는 그의 큰 검은 눈이 공포에 질려 나를 쳐다보고 있는 것을 보았다.

멀리서 들리는 읍내 사람들의 외침 속에서 말미를 장식하기 위하여, 별이 총총한 하늘로 '궁성(宮城)'—강한 천둥소리를 담고 있어, 여인들은 눈을 감고 귀를 막을 수밖에 없는 폭죽—의 빙글빙글 도는 금관이 치솟았을 때, 플라테로는 마치 악마에 의해 납치되어 가는 어느 영혼과도 같이, 어둠 속의 평온한 소나무들을 향해 미친 듯이 당나귀 울음을 터트리며, 도망가 포도 덩굴 속으로 들어갔다.

LXXVII · 베르헬 공원

우리가 안달루시아의 수도 우엘바에 왔을 때, 나는 플라테로에게 베르헬 공원을 보여주기를 원했다……. 아카시아 나무들과 플라타너스가 아직 왕성한 잎들을 지니고 있어 쾌적한 그늘 속에서 철책을 따라 천천히 걸어간다. 플라테로의 발걸음은 물을 뿌려 반짝이는 넓은 판석 위에서 딱딱 소리를 내는데, 판석에는 여기저기에 푸른 하늘이 비치고 또 떨어진 꽃봉오리들로 흰빛을 띠기도 하면서 물과 어우러져 달콤하고 미묘한 향기를 발하고 있다.

울타리 위 담쟁이덩굴에서 떨어지는 물방울의 열린 공간을 통해, 흠뻑 적셔진 정원에서 흘러나오는 서늘함과 향기는 얼마나 멋진가! 정원 안에서 아이들이 놀고 있다. 그런가 하면, 하얀 인파(人波) 사이로 작은 자색 깃발들과 작은 초록색 차양을 갖춘 소형 유람마차는 시끄럽게 종을 울리며 지나간다. 심홍색과 금색으로 치장한 개암 장수의 보트는 땅콩 줄들을 길게 늘어뜨리고 있고 굴뚝에서는 연기가 나부낀다. 바람에 흔들리고 있는 거대한 꽃송이 같은 청색, 초록색, 적색의 풍선들을 쥐고 있는 처녀. 붉은 양철통을 등에 지고 허덕이며 웨이퍼에 담은 아이스크림 과자를 파는 사람의 모습……. 벌써 가을철의 병으로 감염된 우거진 초록 잎들 사이로—그 가운데 여전히 푸릇푸릇한 삼나무와 야자수는 돋보이는데—노르스름한 달이 작은 분홍빛 구름들 사이에서 빛을 발하고 있다…….

이제 정문에 당도하여, 내가 공원에 들어서려 하자, 푸른 복장에 노란 등 막대기와 큰 은시계를 차고 있는 경비원 말하기를,

"당나귀는 들어갈 수 없습니다, 선생님."

"당나귀요? 무슨 당나귀요?" 하고 나는 플라테로 너머를 바라보면서, 물론 그의 나귀 모습은 깜박 잊은 채, 말한다.

"어느 당나귀이겠습니까, 선생님? 내가 어느 당나귀를 의미한다고 생각하시나요?"

그러고 나서 내 정신이 다시 현실로 돌아와 보니, 플라테로는 당나귀이기 때문에 '들어갈 수 없습니다' 하고, 내가 인간인 까닭에 나는 들어가기를 원치 않는 것이다. 그리하여 나

는 플라테로를 다독이며 다른 사물들에 관해 얘기하며, 울타리 길 위쪽으로 걸어가 그와 함께 거기를 떠난다.

LXXVIII · 달

플라테로는 앞뜰 우물에서 별들이 담긴 물 두 통을 막 마시고 나서, 이제 높이 자란 해바라기들을 지나 천천히 멍한 모습으로 마구간으로 느릿느릿 돌아오고 있었다. 나는 헬리오트로프들의 따스한 향기에 감싸인 채 흰 석회 칠을 한 모서리에 기대어앉아 그를 기다리고 있었다.

9월의 부드러운 습기로 젖은 작은 지붕 너머, 저 멀리 있는 산야는 잠자듯이 조용하고, 소나무는 진한 향기를 발하고 있었다. 커다란 검은 구름은, 금빛 달걀을 막 낳은 어느 거대한 암탉처럼, 달을 지금 언덕 위에 올려놓고 있는 중이었다. 나는 달에게 말했다.

…… 그런데 하늘에는,
단지 너 달뿐인데, 에이, 아무도 네가
꿈 밖에서 떨어지는 것을 본 적이 없어라.[49]

---

49 이탈리아의 출중한 시인 쟈코모 레오파르디(Giacomo Leopardi, 1798-

플라테로는 한동안 달을 응시하더니 거칠고 부드러운 소리를 내며 한 귀를 씰룩씰룩 움직였다. 그 다음에는 집중해서 나를 쳐다보더니 또 다른 귀를 씰룩씰룩 움직였다……

LXXIX · 삶의 기쁨

플라테로는 초승달처럼 예쁜 흰 강아지 디아나와 회색의 늙은 염소, 또 아이들하고 놀고 있다…….

잽싸고 우아한 디아나는 목에 단 작은 방울을 울리며 당나귀 앞에서 껑충 뛰어오르며 그의 입을 무는 척한다. 그러면 플라테로는 자신의 두 귀를 뾰족한 용설란 두 잎처럼 쫑긋 세우고 그녀를 사뿐히 들어 올려서는 꽃이 만발한 잔디 위로 그녀를 굴러 떨어지게 한다.

암염소는 플라테로의 옆으로 가서 그의 뒷다리에다 자신의 몸을 비비고, 그가 등에 진 꾸러미에서 삐죽 나온 부들 잎들을 이빨로 잡아당긴다. 카네이션이나 데이지를 입에 물고, 그녀는 그와 정면을 마주하고 그의 큰 머리에 자신의 몸을 부딪치고는, 여인처럼 다정한 모습으로 즐겁게 매애 하고 울면

1837)이 한 시로부터 인용.

서 껑충껑충 뛴다…….

어린이들에게 플라테로는 장난감이다. 그는 그들의 짓궂은 장난들을 대단한 인내심으로 견뎌 낸다! 그들이 떨어지지 않도록, 아주 천천히 한 걸음 한 걸음씩 걷다가 조금씩 쉬면서, 바보노릇을 곧잘 한다! 또 갑자기 구보를 하는 척하면서, 그는 그들을 얼마나 놀래 주나!

모게르의 가을의 청명한 오후들! 10월의 깨끗한 공기가 모든 소리에 더 예리한 명료성을 부여하는 때, 계곡으로부터 염소의 울음소리, 당나귀 울음소리, 아이들의 웃음소리, 개 짖는 소리, 또 작은 방울소리들의 목가적 즐거움이 들려온다…….

LXXX · 오리들은 지나간다

나는 플라테로에게 물을 주러 갔다. 앞뜰의 정적에서, 청랑한 밤에, 저 위로, 부드럽고 하얀 구름들과 별들 사이로 빠르게 지나가는 끊임없는 외침들이 들린다.

그건 오리들이다. 그들은 바다에서 일고 있는 폭풍우를 피해 육지로 날아 들어오고 있다. 아주 이따금씩, 마치 우리가 위로 떠오른 것같이 또는 그들이 밑으로 내려온 것같이, 우리는 그들의 날개들과 부리들이 내는 아주 작은 소리들까지 들을 수 있다. 그것은 들판에서 멀리 떨어진 거리를 지나가는 누군가의 말들을 분명히 들을 수 있는 때와 아주 똑같다고 할 수 있다…….

이따금씩 플라테로는 물마시기를 중단하고, 밀레의 그림들에 나오는 여인들처럼, 또 내가 그렇게 하고 있는 것처럼, 온화하고 무한한 동경을 품고 그의 머리를 별들을 향해 치켜든다.

LXXXI · 어린 소녀

어린 소녀는 플라테로의 영광이오, 큰 기쁨이었다. 흰 드레스를 입고 볏짚 모자를 쓴 그녀가 수줍어하며 "플라테로, 귀여운 플라테로야!" 하고 부르며 플라테로가 있는 쪽으로 오는 것을 보기만 하면, 작은 당나귀는 자기를 잡아매 놓은 밧줄을 끊으려고 애쓰곤 하였고, 또한 어린애처럼 껑충껑충 뛰며 미친 듯이 나귀 울음을 터트리곤 하였다.

그녀는, 맹목적인 신뢰를 느끼며, 서 있는 그의 밑으로 되풀이해서 들어가곤 했고, 그를 조금 걷어차기도 했고, 흰 아마릴리스 같은 그녀의 손을 큰 누런 이빨들이 들쭉날쭉하게 나 있는 큰 분홍빛 입에 넣어 보기도 했다. 그렇지 않으면, 그가 그녀에게 허용한 만큼 그의 귀들을 잡고, 그녀는 그의 이름을 온갖 유혹적으로 변주하여 부르곤 했다. "플라테로! 플라테론! 플라테리요! 플라테레테! 플라테루초!"

소녀가 죽음을 향해 흰 요람을 타고 강 아래쪽[50]으로 향해 하던 그 긴긴 여름날들 동안, 아무도 플라테로를 기억하지 않았다. 그녀는 정신 착란 속에서도 그를 처량하게 부르곤 하였다. "플라테리요!" 어두운, 탄식소리로 가득찬 그 집으로부터 멀리서 친구를 애처롭게 찾는 비탄의 소리가 이따금씩 들려왔다. 오, 우울한 여름이여!

그녀의 장례식 날 오후에, 신은 그대에게 얼마나 아름다운 날을 허용하였던가! 지금처럼 분홍빛, 금빛으로 단장한 9월은 이울고 있었다. 공동묘지로부터 영광으로 가는 귀향길을 알리는 조종(弔鐘) 소리는 활짝 펼쳐진 황혼녘에 얼마나 은은하게 울려 퍼졌던가! 나는 어도비 벽돌담들을 끼고 홀로 우울한 기분으로 돌아왔고, 뜰로 나가는 문을 통해 집으로 들어갔고, 그러고 나서 마구간으로 가서 플라테로와 함께 앉아 곰곰이 생각에 잠겼다.

---

50 저승 Styx의 환유.

LXXXII · 목동

자줏빛의 시간이 어스름하고 스산하게 만들고 있는 언덕 위에서, 작은 목동은 초록빛의 투명한 황혼을 배경으로 검은 자태를 들어내며 반짝이는 금성(金星) 밑에서 피리를 불고 있다. 향기는 더 진하지만 이제는 보이지 않는 꽃들이 매몰된 어둠 속에서 형상을 이룩하는 지점까지 자신들의 본질을 고양시키고 있는데, 그 한가운데 뒤엉켜 있는 양떼의 밝고 달콤한 방울소리—그것들은 읍내로 들어가기 전에 잠시 흩어져 있던 것이다[51]—가 익숙한 길에서 딸랑대고 있다.

"젊으신 어른, 저 당나귀가 제 것이라면 얼마나 좋을까요……"

저물녘이라 더 검게 또 더 목가적으로 보이는 작은 소년은 그 순간의 빛 전부를 재빠르게 눈에 받아들이고 있어, 선한 세비야 인 바르톨로메 에스테반[52]이 그린 어린 거지 중의 하나와 흡사해 보인다.

나는 진정 그에게 당나귀를 주고 싶은데, …… 하지만, 플라테로야, 너 없이 내가 어찌 살겠니?

몬테마요르의 순례 성당 위로 솟아오르는 둥근 달은 빛을

---

51 히메네스가 많은 영향을 받은 프랑스 상징주의 시들에서 돋보이는 공감각(共感覺)의 기법으로 여기서는 시각, 후각, 청각이 교감하고 있다.

52 B. E. Murillo를 지칭한다.

밝은 햇빛의 희미한 조각들이 아직 머뭇거리는 초원 위로 부드럽게 펼쳐 내리고 있었다. 그리하여 꽃이 만발한 대지는 어떤 꿈나라 풍경이랄까, 일종의 아름다운 원시적 레이스 세공같이 보인다. 둥근 바위들은 더 크고, 더 위압적으로, 또 더 처량하게 보인다. 그리고 보이지 않는 개천의 물은 콸콸 더 큰 소리를 내며 흐느끼고 있다…….

그리고 목동의 탐욕스레 외치는 소리는 벌써 멀어진 곳에서 들려온다.

"이것 참! 저 당나귀가 내 것이라면 좋으련만!……"

LXXXIII · 카나리아 새가 죽다

보라, 플라테로야, 어린이들의 카나리아 새가 오늘 아침 그의 은 새장에서 죽은 채 발견되었단다. 물론 그 가엾은 놈은 매우 늙었다……. 지난겨울 그는 머리를 자신의 깃털 속에 폭 파묻고 잠자코 지냈다. 그리고 올봄이 시작될 때, 햇살이 열린 방을 정원으로 만들고, 뒤뜰에 있는 가장 찬란한 장미꽃들은 봉오리를 열고 있을 때, 카나리아 또한 새로워진 삶을 장식하기를 원했고, 그런 나머지 그는 노래하였다. 하지만 목소리는 금이 갔고, 깨진 플루트의 소리처럼 쌕쌕거렸다.

그를 돌보곤 했던 제일 큰 애는 카나리아가 새장의 바닥에 뻣뻣하게 뻗어 있는 것을 보고는 급히 달려 와 눈물어린 목소리로 외쳤다.

"그에게 부족한 것은 하나도 없었어요, 먹이며, 물이며 모두!"

그렇다. 그에게 부족한 것은 하나도 없었단다, 플라테로야. 그는 죽었는데, 다른 늙은 카나리아인 캄포아모르[53]가 말하곤 하듯이, "바로 그런 이유로 말이다……"

플라테로야, 너는 새들을 위한 천당이 있다고 생각하니? 저 푸른 하늘 위 어딘가에 온통 금빛 노란 장미꽃들이 활짝 피어 숲을 이루고 있어, 흰 새, 분홍 새, 푸른 새, 또 노란 새들의 영혼들이 노니는 그런 초록색 정원이 있을까?

잘 들어라, 오늘 밤 아이들과 너 그리고 나는 죽은 새를 정원 있는 데까지 가져갈 것이다. 거기에는 이제 보름달이 떠 있고, 창백한 은빛 속에서 가엾은 노래쟁이는, 블랑카[54]의 흰 손아귀 안에서, 어느 노르스름한 시들은 난초의 꽃잎과 흡사할 것이다. 그리고 우리는 그를 큰 장미 숲의 흙속에 묻을 것이다.

봄이 되면, 플라테로야, 우리는 그 새가 어느 흰 장미의 가슴으로부터 솟아나오는 것을 볼 것이다. 향긋한 대기는 노래

---

53 스페인의 민중시인 Ramón de Campoamor(1817-1901).

54 Blanca, 히메네스(Jiménez)의 질녀.

소리로 가득 찰 것이고, 4월의 햇살을 받으며 그의 보이지 않는 날개들이 마법에 걸린 듯 이리저리 날아다닐 것이고, 명료한 황금 트릴(顫音)의 달콤한 지저귐은 은밀한 궤적을 남길 것이다.

LXXXIV · 언덕

너는, 플라테로야, 내가 낭만주의자이면서 동시에 고전주의자로서 언덕 위에 누워 있는 것을 한 번도 본 적이 없니?

…… 황소들, 개들, 까마귀들이 지나가지만, 나는 까딱하지 않고 그들을 쳐다보기조차도 안한다. 밤이 온다. 하지만 나는 내 그림자가 나를 포기할 때가 되어서야 비로소 자리를 뜬다. 나는 내가 나 자신을 거기서 처음 발견했을 때를 알지 못한다. 그리고 나는 내가 거기 있은 적이 있었는지조차 의심할 지경이다. 너는 내가 어떤 언덕을 의미하고 있는지 알겠지. 코바노의 오래된 포도원 위로, 남자와 여자의 몸통처럼, 아련히 솟아오르는 붉은 언덕 말이다.

나는 내가 지금껏 읽었던 모든 것을 거기서 읽었고, 또 거기서 모든 나의 상념들을 생각했다. 모든 박물관에서 나는 내 자신이 그린 내 자화상을 보았다. 나의 등을 나에게, 내 말은 너에게, 또는 쳐다보고 있는 누구에게 돌려 대고 모래밭에 누워 있는 검은 모습의 나, 나의 눈들과 저녁노을 사이에 나의 자유로운 관념들을 지니고 말이다.

피냐의 집[55]에서 그들은, 내가 그곳에서 식사를 하거나 하룻밤을 묵고가려는지를 알고자 한다. 나는 갈 것이라고 생각하지만, 그곳에 묵게 될는지는 모르겠다. 그리고 플라테로야, 내가 지금 여기 너와 함께 있는 것이 아니고, 내가 어느 때고 있게 될 어디에도 있는 것도 아니고, 또 죽어서 무덤 속에 있다 해도, 진정으로 거기 있는 것이 아니고, 손에 책을 한 권 들고 강 너머로 해가 지는 것을 보고 있는 곳, 저 낭만적이고 동시에 고전적인 그곳, 붉은 언덕에 늘 있다는 것을 확신하고 있단다…….

LXXXV · 가을

플라테로야, 해는 벌써부터 자신의 홑이불에서 빠져나오는 게 너무 게으르기 시작하고, 농부들은 그보다 더 일찍 일어난단다. 물론 그는 벌거숭이이고 바깥은 쌀쌀하기는 하지.

---

55 원문의 "송림 별장 la casa de la Piña"는 히메네스 집안이 모게르 읍에서 1, 2킬로 가량 떨어진 곳에 소유했던 별장 '푸엔테피냐 Fuentepiña'를 암시한다.

북풍이 몰아치고 있는 기세를 보아라! 땅에 떨어진 잔 나뭇가지들을 눈여겨보아라! 그것들이 모두 나란히 남쪽을 가리키고 있는 것은 바람이 그처럼 매섭게 일직선으로 밀어붙인다는 것을 의미한다.

쟁기는 어설픈 무기 모양을 하고 있으나 상쾌한 평화의 작업을 향해 가고 있단다, 플라테로야. 그리고 넓고 축축한 길 위에서 노란 나무들은, 그들이 다시 초록빛으로 될 것을 확신하며, 양쪽 편에서 우리의 민첩한 걸음걸이를 청명한 금빛의 부드러운 불길처럼 밝히며 가볍게 해준다.

LXXXVI · 매어 있는 개

플라테로야, 내게 다가오는 가을은 매어 있는 한 마리 개란다, 저녁때면 차갑고 쓸쓸해지는 앞마당, 안뜰, 또는 정원의 고독 속에서 길게 그리고 명료하게 짖어 대는 개……. 내가 어디에 있던지, 더욱더 노랗게 되어 가는 요즘 같은 날엔, 나는 매어 있는 개가 지는 해를 향해 짖어 대는 소리를 항상 듣곤 한다…….

그 짖는 소리는 어느 것보다도 나에게 비가(悲歌)적 영감을 준다. 그때 내가 느낀 것은, 온 생애 마음은 온통 금화에 있었는데, 사라지는 금고의 마지막 금화에 집착하는 수전노의 마음과 같이, 삶이 떠나가고 있는 금빛 속에 전적으로 담겨 있는 그런 순간들이다. 그리고 금은 거의 존재하지 않는데, 탐욕스럽게 영혼이 움켜지고 어딘가에 은닉하여 두기 때문이다. 그것은 마치 아이들이 거울 조각을 가지고 태양광선을 잡아 그것을 응달진 벽에 비추어서 나비와 마른 잎의 이미지를 하나로 결부시키는 것과 같다…….

참새들과 지빠귀들은 오렌지 나무나 아카시아 나무의 이 가지에서 저 가지로 태양을 따라 계속 점점 더 높이 올라간다. 태양은 분홍빛으로 담자색으로 바뀌어 간다……. 아름다움은 심장의 고동침이 없이 흘러가는 이 순간을 영원하게 만드는데, 이는 마치 아직도 살아 있으면서 영원히 죽은 것과 같은 것이다. 그리고 개는 저 아름다움을 향해, 예민하게 또 격렬하게, 짖는 것인데, 그것은 아마도 그것이 사라져 없어진다고 느끼기 때문일 것이다…….

LXXXVII · 그리스 거북

나의 동생과 나는 어느 날 정오에 학교에서 집을 향해 작은 오솔길을 내려오고 있었다. 때는 8월이었는데—하늘은 진한 청색이어서 흑색에 가까웠단다, 플라테로야!—그런데 말이지, 우리는 대단한 더위로 고통당하는 것을 덜기 위해, 좀 더 가까운 길로 가고 있었단다……. 그놈은 거기, 곡식 창고 옆 풀 속에, 어떤 흙덩이같이 보였고, 구석에서 썩어 가고 있던 한 낡고 친숙하고 노란 '카나리아' 나무의 그림자 아래서 조금은 가려진 채 무방비 상태로 누워 있었다. 우리는 겁을 내며 고용된 하녀의 도움으로 그것을 집어 들었다. 그러고는 숨을 헐떡이며 집으로 들어가며 크게 소리 질렀다. "거북이에요, 거북이!" 그런 다음 우리는, 그것이 매우 더러웠으므로, 그 위에 물을 퍼부었는데, 그러니까, 마치 전사(轉寫)그림에 의한 듯이, 금같이 누렇고 검은 무늬들이 시야에 들어왔다…….

호아킨 데 올리바 교장선생님과 '초록 새' 아저씨 그리고 두 사람으로부터 이것을 전해들은 다른 이들은 모두 우리에게 그것은 그리스 거북이라고 말해 주었다. 훗날, 내가 예수회 학교에서 자연사(自然史)를 공부했을 때, 나는 책에서 그것의 그림을 발견했는데, 우리가 발견했던 것과 아주 똑같았고, 또 이름이 명시되어 있었다. 그리고 나는 큰 진열장에서 한 마리가 보존되어 있는 것을 보았는데, 거기 붙은 레테르도 같은 명칭을 쓰고 있었다. 그러니까, 플라테로야, 그것이 그리스 거북이라는 것에는 의심할 여지가 없단다.

그때부터 그것은 여기에 쭉 있었다. 우리가 어린아이들이었을 때는, 우리는 그것에 고약한 짓을 몇 번이나 했다. 우리는 그것을 그네에 태워 흔들어 주곤 했다. 우리는 그것을 로드 개에게 던지기도 했다. 또 한 번에 며칠씩 그가 입을 위로 하고 지내게도 했다……. 한번은 소르디토가 등을 향해 장전된 산탄을 쏘았는데, 이는 그것이 얼마나 단단한지를 보기 위함이었다. 산탄 알들은 튀기며 날랐는데, 그중 하나가 배나무 밑에서 물을 마시고 있는 가엾은 흰 비둘기를 죽이고 말았다.

그가 눈에 띄지 않는 채로 몇 달이 지나갔다. 갑자기 어느 날 그것은 석탄 속에서, 마치 죽은 듯이, 뻣뻣한 채로 나타났다. 또 어떤 날엔 하수도관에서……. 또 어떤 때는 상한 달걀의 둥지가 그가 어딘가에 있다는 단서가 되기도 한다. 그것은 닭들, 비둘기들, 또 참새들과 함께 먹는다. 그리고 그가 가장 좋아하는 음식은 토마토이다. 봄철에는 때때로 그는 앞마당을 온통 자신의 활동무대로 삼고, 메마른, 영원한, 고독한 고령으로부터 새로운 가지 하나를 돋아나게 한 것 같아 보인다. 또한 그것은 마치 새롭게 탄생하도록 한 세기(世紀)를 자신에게 부여한 것 같기도 하다.

LXXXVIII · 10월의 오후

방학은 지났고, 노란 첫 잎사귀들과 더불어 아이들은 학교에 돌아왔다. 고독. 집에도 낙엽이 떨어져 그 위에 비치는 햇빛은 공허하게 보인다. 상상의 공간속에서 멀리서 들려오는 외침과 어렴풋이 들리는 웃음소리가 울려 퍼진다…….

저녁은 꽃들이 아직 피어 있는 장미 숲들 위로 내려앉는다. 석양빛들은 마지막 장미들에 불을 댕기고, 정원은, 지는 해의 광휘를 향해 어떤 향기의 화염같이 솟아오르며, 온통 그슬린 장미들의 냄새로 진동한다. 정적(靜寂).

플라테로는, 나처럼 지루함을 느끼면서, 무엇을 해야 할지 모르고 있다. 점차적으로 그는 내게 다가와서는 잠시 머뭇거리다가, 드디어 신뢰감을 갖고, 벽돌 바닥을 무미건조하게 또 단호하게 밟으며, 나와 함께 집 안으로 들어온다…….

LXXXIX · 안토니아(Antonia)

개울물이 온통 범람하고 있어서 여름철 언덕들을 강인하게 금빛으로 장식하던 노란 난초들은 흩어지고, 고립되고, 물에 잠기어, 도주하는 물살에 꽃잎을 하나씩 흩뿌리며 그들의 아름다움을 부여하였다…….

안톤닐랴(귀여운 안토니아)는, 그녀의 일요일 외출용 옷을 입은 채, 어디서 개천을 건널 수 있을까? 우리가 놓았던 디딤돌들은 진흙 속에 가라앉았다. 소녀는, 어디가 가능한지를 알아보기 위해, 포플러 나무들이 있는 언덕바지에 도달할 때까지, 개천 위쪽으로 그냥 걸었다……. 거기에서도 가능치 않았다……. 그때 나는 그녀에게 신사답게 플라테로를 제공하였다.

내가 그녀에게 말을 건넸을 때, 귀여운 안토니아는 얼굴이 새빨개졌고, 그녀의 홍조(紅潮)는 그녀의 회색 눈의 언저리를 담백하게 장식하고 있던 주근깨들을 활활 불타게 만들었다. 그러더니 그녀는 나무에 기대어 서서는 갑자기 웃음보를 터뜨렸다……. 드디어 그녀는 그렇게 하기로 결심하였다. 그녀는 풀 위에 그녀의 분홍색 털 숄을 던져 버리고 조금은 도움닫기를 하여 사냥개처럼 잽싸게 플라테로에 올라타고서, 그녀의 단단한 다리들을 양편으로 흔들흔들 매달리게 했는데, 다리들은 의외로 원숙해서, 그녀의 투박한 스타킹의 붉고 흰 테두리에 의해 더욱 둥글게 드러났다.

플라테로는 한순간 생각해 보더니, 실수 없는 도약을 감행하여, 건너편 물가에 확고히 안착하였다. 그 다음, 안토닐랴의 홍조와 나 사이에 개울이 흐르고 있었던바, 그녀가 그의 복부를 뒤꿈치로 가볍게 걷어차자, 그는 동요된 검은머리 처녀의 금과 은 같은 웃음소리가 들려오는 가운데 구보(驅步)를 하며 넓은 평야로 내려갔다. 거기에는 난초, 물, 그리고 사랑의 향기가 있었다. 가시 돋친 장미 꽃다발같이 셰익스피어가 클레오파트라에게 준 시행(詩行)이 나의 머릿속을 맴돌았다.

오, 행복한 말이여, 안토니오의 몸무게를 지고 가다니![56]

"플라테로!" 나는 드디어 화가 나서, 격렬하게, 거칠게 그에게 소리쳤다…….

XC · 잊힌 포도송이

10월의 장맛비가 내린 후, 활짝 갠 날의 천국 같은 금빛 속에서, 우리는 모두 포도원들에 갔다. 플라테로는 우리의 점심과 소녀들의 모자들을 쌍 바구니 하나에 싣고, 다른 바구니에는 평형을 잡기 위해 복숭아꽃같이 활짝 핀, 희고 분홍색의 상냥한 블랑카(Blanca)를 태웠다.

빗물로 소생된 산야는 얼마나 매혹적이었던가! 개울들엔 물이 넘쳐흐르고, 들판은 푹신하게 갈아져 있고, 여전히 노란 잎사귀를 과시하는 개울가의 포플러 나무들에서는 대조적으로 검은 새들이 보였다.

갑자기 소녀들이 줄지어 뛰어가며 소리쳤다.

"포도송이에요, 포도송이!"

---

56 Antony and Cleopatra, I, v.

아직도 검고 진홍빛의 마른 잎들을 보여주는 길게 뒤엉킨 어린 가지들이 달린 포도나무 줄기에 매달린 밝고, 탄탄하고, 향기로운 포도송이를 하나를 따갑게 내리쬐는 태양이 비추고 있었는데, 그것은 자신의 가슴에 접어든 여인처럼 탐스러웠다. 그들 모두는 그것을 갖기를 원했다. 그것을 딴 빅토리아는 그것을 그녀의 등 뒤로 감추며 방어하고 있었다. 그때 나는 그녀에게 그것을 달라고 청했다. 그리고 그녀는 호의적이고 우아한 몸짓으로 그것을 내게 주었는데, 거기에는 곧 여인으로 성숙할 단계에 있는 소녀가 한 남자에게 허용하고 있는 달콤한 자발적 순종의 미덕이 깃들어 있었다.

포도송이에는 다섯 개의 큰 포도 알이 있었다. 나는 한 개를 빅토리아에게, 또 한 개는 블랑카에게, 또 한 개는 롤라에게, 또 하나는 페파에게 주었다. 아이들에게! 그리고 마지막 것은, 만장일치로 웃고 손뼉 치는 가운데, 플라테로에게 주었는데, 그는 그것을 커다란 이빨로 재빨리 낚아챘다.

XCI · 알미란테

너는 그를 알지 못했어. 그는 네가 오기 전에 다른 데로 보내졌다. 그로부터 나는 고귀함을 배웠단다. 네가 볼 수 있듯이,

그의 이름이 적힌 명판이 그의 전용이었던 여물통, 그의 안장, 재갈과 고삐가 들어 있는 구유 위에 아직도 걸려 있단다.

그가 처음 앞마당에 들어왔을 때, 플라테로야, 얼마나 짜릿짜릿한 느낌이 들었던지! 그는 소금 늪지에서 왔는데, 그와 함께 내게 힘, 활기, 기쁨이 축적되는 기회가 왔던 것이다. 그는 얼마나 예뻤던지! 매일 아침 나는 일찍 그를 타고 해안선을 따라 내려가서, 소금 늪지를 지나 질주를 했는데, 그것은 걸어 잠근 방앗간들에서 먹이를 찾아 헤매고 있던 갈까마귀 떼들을 놀라게 하곤 했다. 그런 다음 나는 지방도로로 올라가서는 단호하고 절도 있는 짧은 구보로 누에바 거리로 들어가곤 했단다.

어느 겨울날 오후에 싼 후안 포도주 제조장 주인 뒤퐁 씨가 승마 채찍을 손에 들고 나의 집에 왔단다. 그는 작은 응접실에 있는 다리가 한 개인 둥근 테이블에 은행권 서너 장을 놓고서는 라우로와 함께 앞마당으로 갔다. 그 후 얼마 있다가 땅거미가 질 무렵에, 나는 마치 꿈에서 본 듯 뒤퐁 씨가 그의 이륜마차에 매어 단 알미란테와 더불어 창문 밖을 지나가는 것을 보았는데, 그들은 빗속에서 누에바 거리를 올라가고 있었다.

나는 며칠 동안이나 내 마음이 죄어들었는지를 모른다. 그들은 의사를 불러야 했고, 나는 브롬, 에테르 등등으로 치료를 받았지만, 결국 모든 것을 지워 버리는 시간이란 것이 나로 하여금 그를 잊게 하였는데, 또한 그런 식으로 나는 로드와 작은 소녀도 잊게 되었단다, 플라테로야.

그렇단다, 플라테로야. 너와 알미란테는 얼마나 좋은 친구가 되었을까!

XCII · 삽화

플라테로야, 최근 쟁기로 갈아 놓은 검은 밭의 축축하고 나란히 펼쳐진 푹신한 고랑들—이들을 따라 뿌려져 심은 씨들에서 벌써 솜털처럼 부드러운 파릇파릇한 싹들이 돋아 나오고 있는데—에 이제는 그렇게 짧아진 해가, 질 때, 길게 지나가며 섬세한 황금을 뿌려 놓는다. 추위에 민감한 새들은 큰 무리를 지어 높이 날며 모로코를 향해 출발하고 있다. 바람이 조금만 세차게 불어도 온 가지들에 남아 있는 마지막 노란 잎사귀들이 떨어진다.

계절은 우리 자신의 영혼들을 살펴보도록 우리를 초대한단다, 플라테로야. 이제 우리가 가지게 될 또 하나의 친구는 바로 주의 깊게 선택되고 고귀한 새로운 책이다. 그러니까 산야 전체가 우리 앞에서 펼쳐지면, 산야의 발가벗음 속에 있는 무한히 지속되는 고독한 명상을 즐기기 위해 열려 있는 책을

마주하게 될 것이다.[57]

플라테로야, 우리에게 한창 오후의 더위—그것이 채 한 달도 되지 않았던 때—로부터 우리의 낮잠을 보호해 주었던 저 나무를 보아라. 그것은 홀로, 작고, 메마른 채, 재빠른 일몰의 슬프고 노란 격렬함에 맞서 검소한 실루엣을 드리우고 있다.

XCIII · 비늘

아세냐 거리에서 바라보면, 플라테로야, 모게르는 정녕 딴판인 도시가 되어 버린다. 거기서 뱃사람들의 구역이 시작된다. 사람들은 뱃사람의 말과 자유롭고 생생한 이미지들을 구사하며 다르게 말을 한다. 남자들은 옷을 더 잘 입고, 묵직한 시계줄을 달고, 양질의 여송연과 긴 파이프 담배를 핀다. 까레테리아 지역의 어느 술 취하지 않고, 무미건조하고, 단순한, 예컨대 라포소 같은 사람과 리베라 거리에서 온 명랑하고 검은 피부에 금발을 한, 즉 네가 알고 있는 피콘 같은 사람 사이에는 차이가 너무도 분명하다!

싼 프란시스코 성당 지기의 딸 그라나디야는 코랄 거리에

57 자연을 책으로 보는 토포스(topos, 자주 떠오르는 영상).

서 왔다. 그녀가, 가끔 그리 하듯이, 우리 집에 찾아올 때 마다, 활기차고 생생한 말로 부엌을 온통 진동하게 만든다. 하녀들—한 사람은 후리세타, 다른 한사람은 몬토리오, 또 다른 한사람은 오르노스에서 왔다—은 그녀가 얘기하는 것을 망연자실하며 듣는단다. 그녀는 그들에게 카디스, 타리파 섬에 관해서 말해 준다. 그녀는 밀수된 담배, 영국 옷감, 비단 스타킹, 은, 금에 대해 얘기한다……. 그러고 나서 그녀는 작고 찰랑거리는 몸을 검고 고운 숄로 감싼 채, 궁둥이를 흔들며, 신발 뒤축으로 또각또각 소리를 내며 걸어 나간다.

뒤에 남은 하녀들은 그녀의 다채로운 말들에 관해 촌평들을 한다. 나는 몬테마요르가 왼쪽 눈을 손으로 가리며 생선 비늘 한 개를 햇빛에 갖다 대고 관찰하는 것을 본다……. 내가 그녀에게 무엇을 하고 있는지 묻자, 그녀는 카르멘 성녀—항해자들의 수호성자인 카르멘 성녀—가 그녀의 수놓은 망토를 펼치고 무지개 밑에 서 있는 것을 볼 수 있다고 대답한다. 그녀는 그것이 정말 그렇다고 주장한다. 그라나디야가 그녀에게 그렇게 말했다는 것이다…….

XCIV · 피니토(Pinito)

"저기 저 사람!…… 저 사람!…… 저 사람 봐라! 피니토보다 더 못난 사람……!"

나는 피니토가 누구였는지를 벌써 거의 잊고 있었다. 이제, 플라테로야, 붉은 모래 강둑들을 뜨겁게 하기 보다는 한층 더 진홍빛의 둔덕으로 만들고 있는 이 부드러운 가을 햇살을 보고 있는데, 어린 개구쟁이 소년의 목소리에 갑자기 나는 가엾은 피니토가 거무칙칙한 포도나무 잔가지들을 한 짐 지고 언덕을 오르며 우리에게 가까이 오는 모습을 본다.

그는 나의 기억 속에서 나타나는가 하면, 다시 지워 진다. 나는 거의 그를 기억할 수 없다. 나는 한순간 그의 가늘고, 까무스름하고, 잽싸고, 땟국이 낀 추한 얼굴에도 어딘가 미모의 편린이 깃들어 있는 모습을 눈앞에 그려본다. 그러나 내가 그의 영상(映像)을 보다 확고히 고정시키고자 애쓰는 때에는, 그것은, 날이 밝자 사라져버리는 꿈 장면처럼, 나에게서 완전히 떠나가 버리고, 내가 생각하고 있었던 모습이 정말 그의 모습이었는지도 더 이상 알지 못하게 된다……. 아마도 그는 비 오는 날 어린 소년들이 돌을 던지고 있는 판에 거의 벌거벗은 몸으로 누에바 거리를 뛰어 내려오고 있었다. 혹은 겨울철 황혼녘에, 그는 머리를 푹 숙이고 비틀거리며 오래된 공동묘지의 어도비 벽돌담들을 따라, 풍차가 있는 곳, 그의 집세를 낼 필요가 없는 동굴로, 죽은 개들, 쓰레기 더미, 또 다른 고장에서 온 거지들 곁으로 돌아오고 있었다.

"피니토보다 더 못난 사람!…… 저기 저사람……!"

내가 피니토와 단 한 번만이라도 말을 나눌 수 있었다면, 플라테로야, 내 무엇인들 주지 않았겠냐? 가엾은 친구는, 내가 마카리아로부터 들은 바에 의하면, 아주 오래 전에, 그러니까 지금 너처럼, 플라테로야, 내가 아직 소년이었을 때, 콜리야스 여자들 집에서 술에 만취한 끝에, 성곽의 해자(垓字)에서 죽었단다. 그러나 그는 정말 못난 사람이었나? 그는 실제로 어떤 사람이었나?

플라테로야, 그가 과연 어떤 사람이었는지를 내가 알 길이 없이 죽어 버렸지만, 어린 소년의 말마따나—그의 어머니는 확실히 그를 알고 있었으니까—내가 피니토보다 더 못난 사람이라는 사실을 이제는 알겠지.

XCV · 강

플라테로야, 그들이 강을 광산들을 통해, 사악한 의도와 의붓아버지의 경우와 같은 무정한 행태를 통해 어떻게 만들어 놓았는지를 보아라. 오늘 저녁, 강의 시뻘건 물은, 여기 저기 보랏빛과 누런 진탕들 사이에서, 지는 해의 광선을 거의 반사하지 못하고 있단다. 다만 장난감 배들만이 수로를 따라 표류할 수 있단다. 이 무슨 초라한 형국인가!

전에는, 포도주 판매상들의 큰 화물선들, 외대박이 돛배들, 쌍돛대 범선들, 세대박이 작은 배들—'늑대', '젊은 엘로이사', 내 아버지가 주인이었고 가엾은 킨테로가 선장을 맡았던 '카예타노 성자', 나의 삼촌이 주인이었고 피콘이 선장을 맡았던 '별'—은, 성 후안 하늘을 향해 그들의 돛대들을 뽐내는 즐거운 혼잡—큰 돛대들은 어린애들의 경탄의 대상이 되었지—을 일으켰고, 또는 말라가, 카디스, 지브롤터로 갔는데, 그들이 포도주를 빼곡하게 적재했기 때문에 물속 깊이 눌려 즉 낮게 뜨면서 항해해야만 했다……. 그것들 가운데서 거룻배들은 뱃머리에 페인트칠한 눈들과, 그들의 성자(聖者)들과, 초록색, 청색, 백색, 황색, 진홍색으로 페인트칠한 그들의 이름들로써, 밀려드는 파도를 무색하게 하였다……. 그리고 어부들은 정어리들, 큰 굴들, 뱀장어들, 넙치들, 게들을 시내로 들여오곤 했다……. 이제 리오틴토 광산에서 오는 구리가 그 모든 것을 오염시켰다. 그런데 불행 중 다행인 것은 부자들의 식성이 점점 더 까다로워지고 있어, 가난한 자들은 오늘날 비참한 어획고의 생선들을 그나마 먹게 된 것이다……. 그러나 세대박이 작은 배, 쌍돛대 범선, 외대박이 돛배는 모두 사라졌다.

얼마나 비참한 형국인가! 그리스도의 석상(石像)은 조류(潮流)가 밀려들어와 높이 굽이치는 것을 이제는 더 보고 있지 않다! 이제 남아 있는 것은, 죽은 사람의 또는 어느 누더기를 걸치고 극도로 여윈 거지의 상처에서 실처럼 가늘게 흐르는 피와 같이, 강의 정체된 흐름이고, 그것은 이 붉은 낙조(落照)처럼 녹이 슬은 빛을 띠고 있고, 석양을 배경으로 '별'은, 의장(艤裝)이 풀리고, 검게 썩어 가며 쪼개진 용골은 하늘을 향한 채, 타버린 선체의 윤곽만을 남기고 있다. 그리고 선체 안에서는 세관원들의 아이들이, 불안한 요소들이 나의 가엾은 가슴속에서 맴돌고 있듯이, 놀고 있다.

XCVI · 석류

이 석류는 얼마나 아름다운가, 플라테로야! 그것은 아게디야가 몽하스 개울가에 있는 가장 좋은 것들을 선별하여 내게 보낸 것이다. 여러 과일들 중 오직 그것만이 영양분을 주어 키우는 물의 시원함에 대해 생각하게 한단다. 그것은 싱싱함과 건강한 활력으로 가득 차서 터질 듯하다. 우리 그것을 먹어볼까?

플라테로야, 얼마나 상쾌하고 씁쓸하고 건조한 맛이 땅속에 박힌 질긴 뿌리인 양 딱 달라붙은 그 강인한 껍질 속에 담겨 있는 것인가! 이제 첫 번째의 달콤한 맛, 그것은 새벽노을이 껍질에 붙은 씨알들의 형태를 한 작은 홍옥으로 변한 것이다. 이제, 플라테로야, 옹골찬, 엷은 막피(膜皮)를 한 건강하고 손대지 않은 과육, 어느 젊은 여왕의 심장처럼, 즙이 많고 단단하고 정교한 보배 같은 먹을 수 있는 자수정(紫水晶)들. 얼마나 가득한가, 플라테로야! 자, 먹어라. 얼마나 맛이 있니! 우리의 이빨은 얼마나 향락을 즐기며 싱그럽고 붉은, 풍요로운 익음 속으로 빠져드는 것인가! 잠깐만, 내가 얘기할 수 없구나. 그것은 미각(味覺)에 만화경의 쉴 새 없는 색채들의 심연에서 우리의 눈이 경험하는 그런 느낌이 들어있다. 그것은 끝내 준다!

내게는 이제 더 석류나무들이 없구나, 플라테로야. 너는 플로레스 거리에 있는 포도주 제조장의 큰 뜰에 있는 석류나무들을 한 번도 본 적이 없지. 우리는 오후에 그리로 가곤 했다……. 무너져 내린 어도비 벽돌담을 통해 코랄 거리에 있는 집들—저마다 나름대로의 매력이 있어—의 뜰들이, 또 산야와 강이 보였다. 우리는 세관 관리들의 코넷 부는 소리와 시에라 대장간의 망치질 하는 소리를 들을 수 있었다……. 그것은 내 구역이 아닌 어느 새로운 읍내 구역, 일상적 시(詩)로 충만한 구역의 발견이었다. 해는 기울고 있고, 도마뱀붙이들이 득실대는 무화과나무에 의해 갈라지고 그늘진 샘터 옆에 석류나무들이 있는데, 이제 이들은 석양빛을 받아 값진 보배처럼 광채를 발휘하였다…….

모게르의 과일, 그것의 문장(紋章)을 장식하고 있는 석류여! 진홍색 석양을 향해 열려 있는 석류들이여! 몽하스 과수원에서, 페랄 협곡에서, 그리고 사바리에고에서 온 석류들은, 분홍빛 하늘이 땅거미가 질 때까지 그것들이 영근 시냇물이 흐르는 깊고 조용한 계곡들에서, 나의 기억 속에처럼, 머뭇거린다!

XCVII · 오래된 공동묘지

플라테로야, 나는 네가 나와 함께 이 안으로 들어오기를 원했다. 그렇기 때문에 나는 무덤 파는 사람이 너를 보지 않게 하느라고 너를 벽돌 제조인의 당나귀들 사이에 슬쩍 끼게 했던 것이다. 이제 우리는 정적의 환경 속에 있다……. 자, 출발……

봐라, 이것은 성 요셉의 뜰이다. 저 무너져가는 철책을 두른 그늘진 녹색 구석은 신부들의 묘지이다……. 서쪽을 향해 진동하는 세 시의 태양과 잘 부합하며 희게 회칠한 이 작은 뜰은 아이들을 위해 지정된 구역이다……. 가자, 가자……. 그

제독이…… 숙녀 베니타가……. 여기는 가난한 자들을 위한 집단묘지란다, 플라테로야…….

삼나무들 사이로 들락날락 하는 참새들을 보아라! 그들은 얼마나 명랑한가! 저기 샐비어 사이에 보이는 후투티는 보금자리를 벽감 속에 갖고 있단다……. 무덤 파는 사람의 아이들이 있는데, 그들은 저녁밥으로 분홍색 버터 바른 빵을 얼마나 맛있게 먹고 있는지를 보아라……. 플라테로야, 저 흰 나비 두 마리를 보아라…….

새로 생긴 매장 구역인데……. 잠깐만……. 들리니? 저 말방울소리……. 기차역으로 가는 간선도로를 내려가는 세 시 승합마차다……. 저 소나무들은 풍차에 어울리는 나무들이지……. 숙녀 루트가르다……. 그 선장……. 내가 소년이었을 때, 그의 작은 흰 관에 담아 내가 어느 봄날 오후에 나의 형제와, 페페 사엔스와, 또 안토니오 리베로와 더불어 들고 갔던 귀여운 알프레도 라모스가 묻힌 곳……. 조용!…… 다리를 건너가는 리오틴토 광산 열차다……. 계속해 걸어라……. 가엾은 카르멘, 폐병에 걸렸던 소녀, 그처럼 아름다웠는데, 플라테로야……. 저 석양빛을 받고 있는 장미를 보아라……. 여기 그 소녀가 있다, 백합 같은 그녀에게 검은 눈이 너무 무거웠단다……. 그리고 여기에, 플라테로야, 나의 아버지가 계시다…….

플라테로야……

XCVIII · 리피아니(Lipiani)

옆으로 비켜라, 플라테로야, 초등학교 학생들이 지나가게 해 주렴.

너도 알다시피, 오늘은 목요일이고, 그들은 산야에 소풍 왔다. 어떤 날들엔 리피아니가 그들을 카스테야노 신부(神父)에게 데려가고, 다른 날들엔 앙구스티아스 다리로, 또 다른 날들에는 필라로 인도한다. 오늘 리피아니는 명백히 기분이 좋아서, 네가 보다시피, 그는 먼 길을 걸어 그 애들을 에르미타 성당까지 데리고 왔으니 말이다.

나는 리피아니가 네게서 '사람다움'을 뽑아낼지도 모른다고 생각했다.—너는, 우리의 시장이 한 말, "한 어린아이에게서 당나귀를 뽑아내어 덜 어리석게 만든다."는 것이 무슨 뜻인지를 알고 있지.—그러나 나는 네가 배고파 죽을까 봐 걱정이 된다. 왜냐하면 가엾은 리피아니는, 신(神) 안에서 형제애를 실천한다는 구실과 '내게 아이들을 오게 하라는' 구절을 자기 식의 긴 해석을 곁들여, 모든 어린아이가 점심 도시락을 그와 함께 나누어 먹게끔 하기 때문이다. 그런 일은 그가 자주 마련하는 '산야에서의 오후 시간들'에 일어나는데, 그는 그렇게 함으로써 열세 개의 도시락들 반씩을 혼자서 먹어 치운단다.

그들 모두가 얼마나 만족해하는지를 보아라! 궁색한 옷차림이지만, 아이들은 이 명랑한 10월 오후의 땡볕의 힘을 들이마시고 충동으로 고동치는 붉은 심장을 지니고 있는 것이다. 리피아니는 그의 부드러운 체구에 꼭 맞는 양복, 보리아가 한때 입었던 갈색 격자무늬의 멋진 옷을[58] 입고 있고, 희끗희끗해지는 큰 턱수염엔 소나무 밑에서 포식할 생각에 미소가 감돈다……. 산야는 그들이 지나감에 따라 어느 다채로운 금속같이 진동하고 있고, 이에 질세라 바다를 바라보고 있는 금빛 탑 속에서 큰 교회 종—이제 저녁기도에로의 권유가 끝난—은, 큰 초록색 땅벌처럼 도시 위에서 계속 윙윙 울리고 있다.

XCIX · 내성(內城 El Castillo)

늦은 오후의 저 하늘은, 플라테로야, 넓은 순금 칼날의 금속성 가을빛처럼 얼마나 아름다우냐! 나는 이 길로 오는 것을 즐기는데, 이 한적한 언덕에서 일몰(日沒)은 명백히 보이고 또 아무도 우리를 방해하지도, 또 우리가 누구에게도 폐를 끼치지 않기 때문이다…….

---

58 원문 "el ceñido traje canela de cuadros"에서 'canela 계피'는 'canela fina'란 숙어에서 '멋진, 훌륭한' 인물 또는 사물을 지칭함; '보리아'는 당시의 멋쟁이의 대명사로 간주된다.

포도주 제조장들과 가장자리가 울타리 고추냉이와 쐐기풀들로 뒤덮인 누추한 담장들 사이에 희고 푸른색의 집이 딱 한 채 있는데, 사람들은 그 안에 아무도 살지 않는다고 생각할지도 모른다. 그것은 콜리야와 그녀의 딸이 밤의 사랑을 벌리는 터전이다. 흰 피부에 거의 서로 비슷하게 보이는 이 멋진 여인들은 언제나 검은색 옷을 입고 있다. 피니토는 이틀 동안 그 누구의 눈에도 띄지 않고 죽은 채로 거기 해자(垓字) 안에 방치되어 있었다. 여기가 바로, 포병들이 왔을 때, 그들이 대포들을 설치했던 곳이다.[59] 너는 자신만만한 돈 이그나시오가 거기서 밀수한 브랜디를 앉아 판을 치는 것을 보았다. 그밖에도, 황소들이 앙구스티아스 목장에서부터 여기를 통해서 들어와, 거기엔 어린이들조차 없다.

…… 해자 위 육교의 궁형을 통해 포도원을 바라보라—그것은 붉고 피폐해 가고 있다—벽돌 가마솥들과 보랏빛 강이 배경으로 보인다. 고적한 늪지들을 바라보아라. 지는 해가, 보이는 신처럼 진홍빛으로 큼직하게 과시하며, 모든 것들의 황홀감을 자신에게로 끌어들이고, 우엘바 뒤의 길고 긴 바다로 가라앉고 있는 모습을 보아라, 세계—모게르, 모게르의 산야, 너 그리고 나, 플라테로—가 절대적으로 침묵하며 그것에 대해 경의를 표한다.

59 콜럼버스를 기념하기 위해 예포를 쏘았다고 한다.

C · 오래된 투우장

다시 한 번 마음속에 순간적인 섬광처럼 순식간에 사라지는데, ○○년 어느 날 오후에 타서 없어진 예전 투우장의 환영(幻影)이 보인다. 나는 정확한 연도는 모른다…….

그 안이 어땠는지도 나는 모른다…… 나는 본 게 기억이 나—작고 회색의 퍼그 개들이, 마치 통고무로 만들어진 듯이, 검은 투우에 의해 공중으로 던져지는 것을—아니면 그것은 마놀리토 플로레스가 내게 주곤 했던 초콜릿 바의 그림들 중 하나였나?……. 그리고 매우 초록빛이던 높이 자란 풀과 더불어 어떤 절대적이고 완전한 고독……. 나는 그것의 외부(外部)가 어떠했었는지 그것만 알고 있다—내 말은, 꼭대기에서—즉, 원형 경기장은 아니었다……. 그러나 사람들은 없었다……. 나는 내가 그림들에서 본 것들과 같은 진짜 제대로 된 투우장에 와 있다고 상상하며, 소나무 판자 관람석 주위를 맴돌며 매번 계속 더 높이 올라가다 보면 그곳을 온통 한 바퀴 돌곤 했다. 그리고 비가 내리는 해질녘에 나의 영혼에 잊을 수 없는 정경이 각인되었다. 저 멀리 보이는 울창하고 짙은 초록색의 풍경이, 그늘 속에, 내 말은, 위협하는 구름의 냉기에 사로잡힌 정경이랄까, 그와 더불어 바다 위 저 멀리서 끊임없이 하얀, 길고 희미한 빛남과 극명한 대조를 이루는 소나무 숲의 지평선…….

더 이상은 아무것도 없다……. 나는 얼마나 오랫동안 거기 있었던가? 누가 나를 거기서 데리고 나왔나? 그것은 언제였나? 나는 모른다. 아무도 내게 말해주지 않았다, 플라테로야……. 그러나 내가 그것에 대해 얘기할 때마다, 모든 사람은 대답한다.

"그렇소, 그 타 버린 투우장 말이죠……. 그땐 아직 투우사들이 진짜로 모게르에 왔죠……"

CI · 메아리

그 장소는 그처럼 고적해서 거기엔 언제나 누가 있을 것만 같다. 사냥꾼들은 산림에서 내려와 집으로 가는 길에 이곳을 지날 때는 속도를 줄이고 다음 언덕에 올라서서는 멀리 탁 트인 전망을 즐기게 된다. 산적(山賊) 파랄레스는 이 지역에서 약탈 행각을 하고 다니면서 이곳에서 밤을 보내곤 했다고 사람들은 말한다……. 붉은 절벽은 동쪽을 향하고 있고, 그 위에는 어떤 길 잃은 염소가 때때로 저물녘에 누런 달을 배경으로 자신의 뚜렷한 윤곽을 드러낸다. 초원에는 단지 8월에만 말라붙는 연못에, 노란빛, 초록빛, 분홍빛 하늘이 비치는데, 어린아이들은 위에서 그 안의 개구리들을 향해서, 혹은 시끄런 소용돌이 물이 솟구치도록, 던진 돌들로 그것은 거의 채워졌다.

…… 나는 쥐엄나무 옆, 꺾어지는 도로에서 플라테로를 멈추어 서게 했다, 나무는 목장으로 들어가는 입구를 가로막고 메마른 반월도 엽초(葉鞘)들로 인해 온통 검은색이다. 나는 두 손바닥을 오므리고, 절벽을 향해 소리쳤다. "플라테로!"

절벽은, 근처에 있는 물의 효과로 인해 조금은 감미로워진 건조한 대답으로 응했다. "플라테로!"

플라테로는 재빨리 머리를 들고 뻣뻣이 하고 고개를 돌리더니, 곧 도망치려는 충동으로, 온몸을 떨었다.

"플라테로!" 나는 다시금 그 절벽을 향해 소리쳤다.

절벽은 다시 반복했다. "플라테로!"

플라테로는 나를 쳐다보고, 절벽을 쳐다보더니, 그의 윗입술을 뒤로 꾸부리며, 하늘 높은 곳을 향해 쉴 새 없이 당나귀 울음을 터트렸다.

절벽은 그와 더불어 그의 울음에 대응하는 울음으로 길게 모호하게 나귀 울음을 울었는데, 끝에 가서는 그것이 더 길게 울렸다.

플라테로는 다시 울음을 터트렸다.

절벽도 다시 울음을 터트렸다.

그러더니 플라테로는 거칠고 완강한 동요를 보이며, 뇌우치는 날처럼, 광분하며 고삐를 끊고 나를 뒤에 혼자 남기고 도망가려고, 머리를 이리저리 돌리고 또는 땅위에서 빙빙 돌기를 시작했다. 결국 나는 그에게 부드럽게 말하여 그가 나와 함께 가도록 했다. 그리하여 그의 히힝 울음소리는 점차로 가시가 많은 선인장들 사이에서 울음소리 자체로만 남게 되었다.

CII · 놀람

그것은 어린아이들의 식사시간이었다. 램프는 분홍빛 따스한 빛을 눈같이 흰 식탁보에 꿈꾸듯 비치고 있었고, 붉은 제라늄과 얼룩진 사과들은 순진한 얼굴들의 단순한 한가로움에 거칠고 강렬한 기쁨의 색채를 가미했다. 소녀들은 부인들처럼 식사를 했고, 소년들은 진짜 남자들처럼 토론하였다. 배경에는 젊은, 금발을 한 사랑스러운 어머니는, 어린애에게 흰 젖가슴을 물리며, 그들을 향해 미소 짓고 있었다. 정원 창문 밖으로 밝은 별이 빛나는 밤은 차갑게 떨고 있었다.

갑자기 블랑카는 희미한 번갯불처럼 도망치듯 그녀 어머니의 품에 가서 안겼다. 갑자기 조용해졌다. 그러더니 덜커덕 덜커덕 의자들이 뒤집어지는 소리가 나니, 아이들은 모두 어머니를 따라서, 빠르게 동요하고 겁에 질려 창문을 바라보았다.

분별없는 플라테로! 창유리에 바짝 들이댄 그의 큰 흰 머리는 어둠과 창유리들 그리고 아이들의 눈에 있는 두려움으로 인해 확대 되었는데, 그는 정작 불 밝은 감미롭고 아늑한 식당을 침착하고 아쉬워하며 찬찬이 들여다보았다.

CIII · 오래된 샘

상록(常綠)의 소나무 숲 위로는 언제나 흰색이다. 흰색이지만, 새벽녘에는 분홍빛 또는 푸른빛을 띤다. 흰색이지만, 황혼에는 황금빛이나 연보랏빛을 띤다. 흰색이지만, 밤에는 초록빛이나 하늘빛을 띤다. 플라테로야, 내가 그렇게 오래 서 있는 것을 너는 그렇게 자주 보았는데, 오래된 샘은, 그것 자체 안에, 어떤 열쇠나 무덤처럼, 세계의 비가(悲歌)를 모두 품고 있단다. 즉, 참된 삶의 느낌말이다.

그 속에서 나는 파르테논, 피라미드들. 모든 성당을 보았다. 분수나, 영묘(靈廟)나, 주랑(柱廊) 현관이 자기 미(美)의 강요로 나를 깨울 때마다, 그것의 영상(映像)은 나의 백일몽에서 오래된 샘의 영상과 교차되곤 했다.

나는 그것으로부터 세계로 나아갔다. 세계로부터 나는 그것에게로 돌아왔다. 그것은 자신의 위치에 그처럼 완벽하게 있고, 그런 조화로운 단순성이 그것을 영원하게 만들고, 색채와 빛이 그처럼 완벽하게 자신에 속해 있어서, 당신들은 그것으로부터 삶의 완전한 풍요를, 샘의 물처럼, 손에 길어 올 수 있을 것이다. 뵈클린은 그것을 그리스를 배경으로 하고 그렸다. 프라이 루이스는 그것을 언어로 번역하였다. 베토벤은 그것이 기쁨의 눈물들로 넘쳐 나게 했다. 미켈란젤로는 그것을 로댕에게 물려주었다.

이 샘은 요람이고 결혼이다. 그것은 노래요, 소네트이다. 그것은 현실이며 기쁨이다. 그것은 죽음이다.

오늘 밤 그것이 여기에, 플라테로야, 어둡고 부드러운 녹음이 살랑대는 가운데 대리석의 살처럼 죽어 있다. 죽어 있는데, 나의 영혼을 위해 나의 영원성을 증류하고 있단다.

CIV · 길

그처럼 많은 잎들이 간밤에 떨어졌구나, 플라테로야! 나무들은 마치 뒤집어져 우듬지를 땅에 처박고 뿌리를 하늘—거기에 심어지고 싶은 동경에서—로 내뻗치는 것 같다. 저 포플러나무를 보아라. 저것은 서커스의 곡예 소녀 루시아를 닮았는데, 바로 그녀가 붉은 화염 같은 머리칼을 카펫에 쏟아 붓고, 다리를 더 길게 보이게 하는 망사 팬티스타킹을 신고, 날씬한 두 다리를 모아 쭉 치켜 올릴 때가 그렇다.

자, 이제, 플라테로야, 새들은 앙상한 나뭇가지에서, 우리가 봄철에 푸른 잎사귀들 사이에서 그들을 보았듯이, 황금빛 나뭇잎들 사이로 우리를 볼 것이다. 그들이 전에 높은 잎들 사이에서 불렀던 감미로운 노래는 이제 땅 아래서 무미건조한 길게 늘어진 기도로 변했구나!

너, 플라테로야, 온통 마른 잎들로 가득한 들판이 보이느냐? 우리가 다음 일요일 이 길로 귀가할 때, 너는 단 한 개의 잎도 보지 못할 것이다. 나는 그들이 죽기 위해 어디로 가는지를 알지 못한다. 새들은 봄철을 사랑하는 나머지 그들에게 아름다운, 숨겨진 죽음의 비밀을 그들에게 말해 주었음이 분명한데, 그런 것은, 플라테로야, 너나 나의 몫이 되지 않을 것이다…….

CV · 잣들

여기 햇빛이 가득한 누에바 거리를 잣 파는 어린 소녀가 걸어온다. 그녀는 잣들을 날것으로도 볶은 것으로도 갖고 있다. 나는 그녀로부터, 플라테로야, 너를 위해서 또 나를 위해서, 십 전어치 볶은 잣들을 사려고 한다.

십일월은 황금빛과 푸른빛 날들로 겨울과 여름을 겹쳐 놓고 있다. 해는 뜨겁고 사람들의 혈관들은 둥글고 푸른 모양의 거머리들처럼 부풀러 오른다……. 흰, 조용한, 깨끗한 길 아래로 내려오고 있는 이들. 만차[60]에서 온 옷장수가 회색 봇짐을 어깨에 메고 있고, 또 노란빛으로 온통 눌려 있는, 루세나에서 온 철물상은 햇빛을 실은 종을 치고 있다……. 그리고 천천히 담을 따라 껴안을 듯 가까이 걸어가며, 회칠한 담에 숯으로 폭 넓게 줄을 긋고, 이제 아레나에서 온 소녀는 심금을 울리는 목소리로 외쳐 댄다. "볶은 잣 사려!"

애인들은 현관 앞에서 상기된 미소를 지으며 선별한 잣들을 교환하며, 함께 먹는다. 아이들은 학교 가는 길에 집 문지방 위에서 돌로 그것들을 까먹는다……. 내가 소년이었을 때, 우리는 겨울날 오후에 아로요스에 있는 마리아노의 오렌지 숲으로 가곤 했던 일을 회상한다. 우리는 볶은 잣들을 손수건 하나 가득히 가져가곤 했다. 가장 큰 설레는 기쁨은 그것들을 까는 칼을 가지고 가는 것인데, 칼은 물고기 모양의 자개 손잡이가 달려 있고, 그 위에 서로 짝이 되는 루비 눈이 있어 거기에는 에펠 탑이 보였다…….

볶은 잣들은, 플라테로야, 입 안에 얼마나 좋은 맛을 남겨 놓는가! 그것들은 사람들의 기분을 북돋고, 낙천적으로 만든다! 그것들을 가지고 있으면, 벌써 불멸의 기념비가 된 듯이,

---

60 세르반테스의 명작 《돈키호테》의 주인공의 고향.

사람들은 추운 계절의 햇살 속에서 안전하게 느낀다. 그리하여 그들은 뚜벅뚜벅 소리 내며 당당하게 걸어 다니고, 입고 있는 겨울옷은 가뿐해진단다. 플라테로야, 그들은 레온하고, 또는 승합마차들의 수화물 운반인 만키토하고도 팔씨름을 하려고 할 것이다…….

CVI · 도망친 황소

내가 플라테로와 함께 오렌지 숲에 도달하니, 계곡은 아직 그늘져 있으나, 서리 맞은 사자 발톱으로 뒤덮여 하얗다. 태양은 색채 없고 눈부시게 빛나는 하늘에 아직은 금빛을 선사하지 않고 있는데, 가장 우아한 모습을 보이는 떡갈나무 언덕은 하늘과 뚜렷이 대조를 보인다……. 이따금씩 부드럽고 지속적으로 넓게 퍼지는 소리에 나는 눈을 위로 치켜뜬다. 오렌지 숲들에 돌아오는 찌르레기들인데, 그것들이 이제 길게 무리들을 이루며 이상적 대형을 갖추고 방향전환을 하고 있다…….

나는 손뼉을 친다……. 메아리가 대답한다…… "마누엘!"……. 아무도 없다. 갑자기, 빠르게 움직이는 소리가 크고 기운차게 들린다……. 어떤 엄청난 것을 예감하며 나의 가슴은 뛴다. 나는 플라테로와 더불어 오래된 큰 무화과의 늘어진

가지들 속에 숨는다…….

그렇다, 그가 이리로 오고 있다. 아침의 지배자, 붉은 빛을 띠는 한 마리 황소가 코를 킁킁거리고, 큰 소리로 울며, 또 변덕스럽게 마주치는 모든 것을 파괴하며, 지나간다. 그는 언덕 위에서 한순간 멈추더니 한 번의 짧고 섬뜩한 비탄으로 하늘까지 계곡을 꽉 채운다. 찌르레기들은, 겁 없이, 조금 전처럼 분홍빛 하늘에서 날고 있고, 그것들의 부드러운 소리는 나의 뛰는 가슴 소리에 압도당한다.

이제 솟아나는 태양에 의해 구릿빛으로 물들여지는 먼지 구름을 일으키며 황소는 용설란들 사이를 지나 샘터로 내려간다. 그는 한동안 물을 마시고 나서는 산야보다도 더 큰 도도한 승자처럼, 그의 뿔에 포도넝쿨들을 얹은 채 산 위로 오르고, 끝내는 높은 숲에 도달하여, 나의 열망하는 눈과 이제 황금빛을 띠며 솟아오르는 태양 사이에서 완전히 사라졌다.

CVII · 십일월의 목가

땅거미가 지고 플라테로가 난로에 땔 유쾌한 소나무 가지 짐을 지고 산야에서 집으로 돌아올 때, 축 늘어지고 그득한 청솔 가지 밑에서 거의 사라진다. 발걸음은 팽팽한 줄 위를 걸어가는 서커스 아가씨의 발걸음처럼 짧고 솜씨 좋고, 우아하고 장난스럽다……. 그는 걷고 있는 것 같지 않다. 쫑긋이 세운 귀를 볼 때면, 그대들은 그가 집을 이고 있는 달팽이라고 말할 것이리라.

초록빛 가지들, 똑바로 세워져 있었을 때는 그 안에 햇빛, 방울새들, 바람, 달, 까마귀들을 포용하였던 가지들—얼마나 끔찍스러운 일인가! 여기가 그들의 터전이었는데, 플라테로야—이제 그것들은 비참한 처지에 빠져 흰 먼지 메마른 석양 길을 질질 끌며 간다.

차가운 담자색의 부드러움이 모든 것을 후광으로 감싼다. 그리고 이제 12월로 접근하는 산야에서, 짐을 진 당나귀의 부드러운 겸손은, 작년처럼, 신성하게 보이기 시작한다.

CVIII · 흰 암말

나는, 슬프단다, 플라테로야……. 자, 보아라, 내가 포르타다에 있는 플로레스 거리—번개를 맞아 쌍둥이들이 죽었던 장소—를 지나고 있을 때, 소르도의 흰 암말이 죽어 있었단다. 거의 벌거숭인 몇몇 소녀들은 침묵 속에서 그것을 둘러싸고 있었다.

마침 옆을 지나가고 있던 여자 재봉사 푸리타가 내게 말하기를 오늘 아침 소르도가 이제는 그것을 거두어 먹이는데 싫증이 나서, 암말을 그 장소에 데려다 놓았다는 것이다. 너도 알다시피 그말은 훌리안[61] 만치 늙고 서툴렀다. 암말은 볼 수도 들을 수도, 거의 걸을 수도 없었다……. 정오경에 암말은 주인의 집 정문에 다시 와 있었단다. 그는 짜증이 난 나머지, 버팀목 막대기를 집어 들고 그녀를 쫓아 버리고자 했다. 암말은 끄떡 않고 버텼다. 그러자 그는 암말을 낫으로 베었다. 사람들이 그리로 몰려왔고, 저주와 농담이 퍼붓는 가운데, 암말은 절뚝거리다 넘어지다 하며 거리 위쪽으로 어슬렁어슬렁 발걸음을 내딛었다. 거리의 조무래기 아이들은 돌팔매와 고함을 지르며 그녀를 따라다녔다……. 결국 그녀는 땅에 쓰러지고 말았고, 그들은 거기서 그녀에게 최후의 일격을 가했다. "그녀가 평안히 죽도록 내버려 두어라!" 약간의 동정의 느낌이 그녀 위로 푸드덕거렸다, 마치 너나 내가 그 자리에 있었던 듯이, 플라테로야, 그러나 그것은 태풍의 눈앞에서 펄럭이는 나비와 같았다.

내가 그녀를 보았을 때, 돌들이 아직도 그녀 주변에 놓여 있었고, 그녀는 이미 돌처럼 차가워 있었다. 살아생전에는 장님이었는데, 그녀가 한 눈을 완전히 뜨고 있어서, 죽은 이제는 사물이 보이는 것 같았다. 어두운 길에 머뭇거리는 유일한 빛

---

61 Don Julián 늙은이의 표상.

의 그녀의 흰빛이었다. 그 위로, 추위 속에 매우 높은 저녁 하늘은 아주 가벼운 분홍빛 양털 같은 비늘구름들로 온통 덮여 가며 사라지고 있었다.

CIX · 소란한 장단 치기[62]

그들은 정말 좋아 보였어, 플라테로야. 흰색과 분홍색 옷을 입은 카밀라 아줌마는 입문목록 포스터와 지시봉을 갖추고 어린 돼지에게 기본기(基本技)를 가르치느라 애를 쓰고 있었다. 사타나스로 분장한 그는 한 손엔 새 포도주를 담을 빈 가죽 부대를 쥐고 있고 다른 손으로는 그녀의 주머니에서 지갑을 살살 꺼내고 있었다. 나는 멋쟁이 페페와 여자 사환이 그 인물의 역을 담당했고, 콘차는 우리 집에서 오래된 온갖 옷을 조달했다고 생각한다. 신부(神父)로 분장한 사진사 페피토가 검은 나귀에 앉아 행렬 깃발을 들고 앞장서서 나아갔다. 그 뒤로 '중앙로', '분수로', '목수 구역', '대서방 광장', '테요 아저씨 골목'에서 온 모든 조무래기들이 양철통, 소 방울, 자루달린 냄비, 절구, 각적, 솥을 두드리며 둥근 달이 비추는 길을 따라 조

62 Cencerrada, 스페인에서 재혼자의 첫날밤을 놀려 주느라고 냄비 · 주전자를 두드리거나 방울과 나팔을 불어대는 일.

화로운 소리를 내며 지나갔다.

네가 알다시피, 카밀라 아줌마는 세 번 과부였고 나이가 육십이지, 그리고 한 번 홀아비가 되었던 사타나스는, 일흔 번 수확한 포도주를 즐겨 맛보았지. 그의 내력과 새색시의 내력이 초상(肖像)과 발라드 형식으로 연출되는 것을 그가 보고 듣는 시간에, 굳게 잠긴 창문 뒤에서 그가 무슨 말을 할지 엿듣는 일은 매우 흥미로울 것이야!

그 소란한 장단 치기는, 플라테로야, 삼일은 지속될 것이다. 그러고 나면 제단 앞에는 조상(彫像)들이 조명을 받고, 술취한 이들은 춤을 추고 있는데, 모든 이웃여자는 작은 광장에 있는 희화(戲畵) 제단에서 자기가 빌려주었던 물건들을 찾아갈 것이다. 그런 다음 조무래기들이 만드는 소음은 몇 밤을 더 지속할 것이다. 마지막에는 오직 보름달과 발라드만이 남게 될 것이다…….

CX · 집시들

저 여자를 바라보아라, 플라테로야. 저기서 그녀는 좁은 길을 걸어 내려오고 있는데, 구릿빛의 햇살을 받으며, 몸을 곧추 세우고, 망토도 걸치지 않고, 어느 누구에도 눈길을 주지 않는다……. 그녀는 얼마나 의젓하게 그녀의 예전 아름다움을 내보이고 있나! 참나무로 만들어진 듯 아직도 우아하고, 겨울철인데도 노란 숄을 허리에 두르고, 주름 장식에 물방울무늬가 있는 푸른 스커트를 입었다. 그녀는 예전처럼 공동묘지 뒤에 야영하는 인가(認可)를 얻고자 시청에 가는 길이다. 너는 집시들이 처 놓은 초라한 작은 천막들과 큰 화톳불, 야한 여자들, 그리고 마지막 풀을 사방에서 뜯고 있는, 다 죽어 가는 당나귀들을 기억하겠지.

당나귀들 말이다, 플라테로야! 이제 저지대의 나무 칸막이 처소에 있는 프리세타 당나귀들은 집시가 오는 소리를 듣고 틀림없이 벌벌 떨고 있을 것이다! 플라테로에 관한 내 마음은 편안한데, 집시들이 마구간에 도달하기 위해서는 읍내의 절반 이상을 달려와야 하고 경비원 렝헬은 플라테로를 좋아하고 플라테로 또한 그를 좋아하기 때문이다. 그러나 장난삼아 그를 놀래주려고 나는 굵고 낮게 울리며 불길한 목소리로 말한다.

"안으로, 플라테로야, 안으로 들어가! 나는 안뜰의 쇠창살을 잠그려고 한다. 왜냐하면 그들이 너를 잡아갈 것이야."

플라테로는, 집시들이 그를 훔쳐 가지 못할 것이라고 확신하면서도, 구보로 쇠창살문을 지나가고, 문은 귀에 거슬리는 쇠와 유리의 딸그락 소리를 내며 뒤에서 닫힌다. 그리고 그는 대리석 뜰에서 화단이 있는 뜰로, 또 거기서 닭장이 있는 뜰

뒤편으로 쏜살같이 질주하고 껑충껑충 뛰어다니며—저런, 큰 무지렁이 같으니!—푸른 나팔꽃 담장이 덩굴을 끊는구나.

CXI · 불꽃

가까이 와라, 플라테로야. 가까이……. 너는 여기서 격식을 갖추고 서 있을 필요가 없다. 관리인은 너의 친구이기 때문에 네가 와 있으면 행복해 한다. 그의 개 알리는, 너도 알다시피, 너를 사랑한다. 그리고 플라테로야, 나에 관해서 무슨 말을 할 수 있겠니? 오렌지 숲 안은 얼마나 차가울까! 라포소가 하는 말 듣고 있지. "아주 많은 오렌지가 오늘 밤 얼지 않도록 신께서 굽어 살펴 주시기를!"

플라테로야, 너는 불을 좋아하지 않니? 나는 어떤 나체의 여인도 자신의 몸을 어느 활활 타오르는 불길과 비교할 수 있다고 생각하지 않는다. 어떤 펄럭이는 머리카락이, 어떤 팔들이, 어떤 다리들이 저 불꽃의 나체성과 비교해 승산이 있겠는가? 아마도 자연에는 불보다 더 멋진 광경은 없다. 집은 잠겨 있고 바깥에서 밤은 외롭다. 그럼에도 불구하고, 플루토의 동굴[63]을

63 저승의 신 플루토(Plutón)는 불을 다스린다고 믿는다. 이 문장에서 말하는 '창가'는 '벽난로'를 의미한다.

들여다 볼 수 있는 이 창가에서는, 플라테로야, 우리는 들판보다 얼마나 더 대자연에 가까이 있는가! 불은 집 안에 있는 우주다. 몸의 상처에서 흐르는 피처럼 붉으며, 또 끝없이 피의 모든 기억들로 우리를 따스하게, 활기차게 만들어 준다.

플라테로야, 불은 얼마나 아름다운가! 알리는 거의 자신이 불에 데어 가면서까지, 크게 뜬, 기민한 눈으로 얼마나 유심히 그것을 바라보고 있는지를 보라. 얼마나 즐거운 일인가! 우리는 황금의 춤과 그림자들의 춤에 감싸여 있다. 집 전체가 춤을 추고 있고, 손쉬운 장난으로 작아졌다 커졌다 하는데, 그것은 흡사 러시아 발레 단원들이 움직이는 모양 같다. 모든 형상들은 무한한 마법 속에서 그 불로부터 솟아 난다. 나뭇가지들과 새들, 사자와 물, 산과 장미. 보라, 우리 자신도 본의 아니게 벽에서, 마루 위에서, 천정에서 춤을 추고 있다.

이 무슨 광기이며, 무슨 도취이며, 무슨 영광인가! 사랑조차도 여기서는 죽음처럼 보인단다, 플라테로야.

CXII · 회복기(恢復期)

회복실의 희미한 노란 등불 아래, 양탄자들과 태피스트리의 부드러움 속에서, 나는 마치 차가운 별빛 꿈에서처럼, 들판에서 귀가하는 당나귀들의 내려오는 가벼운 발걸음 소리와, 소리 지르며 뛰어노는 아이들의 소리를 밤거리에서 듣는다.

나는 크고 검은 당나귀들의 머리와 어린아이들의 작고 미묘한 머리를 떠올리는데, 어린아이들이 당나귀 울음 중간에 수정같이 맑고 낭랑한 목소리로 크리스마스 캐럴을 부르고 있다. 구운 밤 냄새로, 마구간의 축축한 냄새로, 평화로운 벽난로의 열기로 읍내는 감싸여 있는 듯하다 …….

그리고 나의 영혼은 나를 정화(淨化)하며 쏟아지는데, 마치 어두운 암벽으로 둘러싸인 심장에서 천상(天上)의 급류가 쏟아져 내리는 것 같다. 구원하는 해질녘! 차갑고 동시에 따스하며, 은밀한 시간은 무한한 계시로 가득 차 있도다!

저 높은 곳, 저 바깥쪽에서 성당 종소리들은 별들 가운데서 울려 퍼진다. 그런 분위기에 감응되어, 플라테로는 마구간에서 나귀울음을 터트리는데, 그것은 천국이 가까운 이 순간에는 매우 먼 곳에 있는 것 같기만 하다……. 나는 나약한 상태에서, 감동되고 고독한 채, 꼭 파우스트처럼 운다. 괴테의 '파우스트'는 부활절 종소리를 듣고는 그의 독배를 마시려든 것을 중단하고 운다.[64]

---

64 "나의 눈물은 흐르고, 지상은 나를 다시 얻었도다!"

CVIII · 늙은 당나귀

드디어 그는 매 발걸음마다 비틀거릴 정도로
그처럼 피곤하게 앞으로 나아간다…….
〈벨레스의 성 관리인의 회색 수망아지〉
《총민요집》

나는 어떻게 발길을 돌려야 할지를 모르겠다, 플라테로야, 누가 저 가엾은 것을 안내도 도움도 없이, 여기에다 내팽개쳐 버렸는가?

그는 죽음의 장소로부터 도망친 것이 분명하다. 나는 그가 우리를 보거나 듣는다고 믿지 않는다. 너는 오늘 아침 흰 구름 밑 같은 제방 위에서 비쩍 마르고, 비참하게 노쇠한 모습을 보았는데, 그는 눈부신 태양광선을 받고 있으면서도 겨울날의 비범한 아름다움으로부터 소외된 채, 그의 몸에 파리들이 살아 있는 섬들을 만들고 있었던 것이다. 그는 방향 감각이 없이, 다리마다 절룩거리며, 천천히 주변을 돌고 있었는데, 언제나 같은 장소에 되돌아오는 것이었다. 그저 방향을 바꾸는 것이 그가 하고 있었던 모든 것이었다. 오늘 아침 그는 서쪽을 향하고 있었는데, 이제 그는 동쪽을 향하고 있다.

플라테로야, 노년(老年)은 얼마나 장애가 되는 것인가! 저기 있는 가엾은 저 친구는 자유로운데, 봄이 그에게 다가오건만, 어디로 갈지를 모른다. 혹은 베케르[65]처럼, 그는 이미 송장이 되어 버린 것일까? 여전히 꼿꼿이 서 있으면서 말이다. 한 어린아이도 해질녘의 하늘을 배경으로 고정된 그의 실루엣을 그릴 수 있을 텐데 말이다.

너도 알지……. 나는 그를 밀려고도 해보았지만, 그는 꿈쩍도 하지 않는다……. 그는 고함소리에도 개의치 않는다……. 그것은 마치 죽음의 고뇌가 그를 땅에 박아 놓은 것 같다…….

플라테로야, 그는 오늘 밤 여기 높은 산골짜기에서 북풍에 꿰찔려서 추위로 얼어 죽을 것이다……. 나는 어떻게 발길을 돌려야 할지를 모르겠다. 나는 무엇을 해야 할지 모르겠다, 플라테로야…….

CXIV · 새벽

느린 겨울 새벽에, 기민한 수탉들이 동트는 동녘의 첫 장미들을 보고 호사스럽게 인사를 드릴 때. 잠에 싫증이 난 플라테로는 긴 나귀 울음을 터트린다. 나의 침실의 덧문 갈라진 틈으로 들어오는 푸른 햇살을 받으며 멀리서 깨어나게 하는 그의 소리는 얼마나 달콤한가! 나는 낮을 역시 갈망하며, 푹신한 침대

65 베케르(Gustavo Adolfo Bécquer 1836-1870)는 히메네스가 애호한 시인이었다.

에서 햇빛에 대해 생각한다.

그리고 만약 플라테로가 나같이 시를 쓰는 사람의 수중(手中)에 떨어지는 대신에, 아직 컴컴해도 저 높은 삼림에서 소나무들을 훔치기 위해 고적한 길의 단단한 흰서리를 밟고 지나가는 숯쟁이의 수중에 떨어졌다면, 또는 당나귀들에 페인트칠을 하고, 비소를 먹이고, 축 늘어지지 않도록 그들의 귀에 핀을 꽂는 남루한 집시의 수중에 떨어졌다면, 가엾은 플라테로는 어떻게 되었을까를 나는 생각해 본다.

플라테로는 다시 나귀 울음을 터트린다. 그는 내가 그에 대해 생각하고 있는 것을 알 수 있을까? 내게 무슨 상관이 있겠나? 새벽의 부드러움 속에서, 그에 대한 생각은 새벽 그 자체와 같이 내게는 유쾌하다. 그리고, 하느님 덕분에, 그는 요람처럼 안온하고 따뜻한 마구간을, 또 내 생각만큼이나 사랑스러운 마구간을 가지고 있다.

CXV · 작은 꽃들

나의 어머님에게

마더 테레사가 돌아가셨을 때, 그녀는 꽃들에 관해 정신 착란 상태에서 돌아가셨다고 어머님께서 내게 말씀해주셨다. 어린 시절의 내 꿈의 다양한 색의 별들과 어떤 연관이 있는지 난 모르다. 왜냐하면 난 아주 어렸으니까, 내가 그녀의 죽음을 회상할 때마다, 나는 그녀가 착란 속에서 보았던 꽃들은 분홍빛, 푸른빛, 연자색의 마편초들이었다고 상상한다.

나는 테레사 할머니를 오직 안뜰문의 쇠창살의 채색유리들을 통해서만 기억하는데, 색유리들을 통해 나에게 달과 해는 푸르게 또는 주홍색으로 보이곤 했다. 나는 그녀가 집요하게 푸른 화분들이나 흰 가장자리를 한 꽃밭에 구부리고 있는 것을 본다. 어느 8월 하루의 가장 더운 시각의 태양 아래서 또는 9월의 폭풍우들 아래서—하긴 나는 그녀의 모습이 어떠했는지를 기억하지 못하기에—그 이미지는 자신의 얼굴을 나에게 결코 돌리지 않는다.

나의 어머님은 할머니가 착란 중에 보이지 않는 정원사를 소리 내어 불렀다고 말씀하신단다, 플라테로야. 그가 누구였던지 간에, 그는 마편초 꽃들이 만발한 오솔길을 따라 그녀를 인도했음이 분명하다. 내 기억에 그녀는 나를 향해 머리를 돌리고, 나는 그녀를, 그녀가 바라는 대로, 사랑하는 나의 정서 속에 간직한다. 물론 그 추억은, 나의 마음 실제의 테두리 밖에 있는 것이지만, 마치 그녀가 입고 있던 온통 작은 꽃무늬들로 뒤덮인 고운 비단옷 가운데에 자리 잡고 있듯이, 꽃무늬들 자체는 정원에 떨어져 있는 헬리오트로프들과 또 나의 소년시절 밤마다 덧없이 지나가는 작은 별들과 자매가 되는 것이다.

CXVI · 크리스마스

들판에 불이 있다!…… 때는 크리스마스 전야의 오후, 흐리고 힘없는 해는 몹시 춥고 구름 한 점 없는 하늘, 푸른색이 아니라 온통 잿빛인 하늘을, 서쪽 지평선에 모호한 노란빛을 띠며 겨우 비치고 있다……. 갑자기 타기 시작하는 초록 나뭇가지들이 귀에 거슬리게 우지끈하는 소리가 터져 나오고, 다음엔 흰 담비처럼 짙고 하얀 연기가 나고, 드디어 연기를 씻어 버리는 화염이 솟아올라 대기를 핥는 듯 순간적이고 순수한 혀들로 공중을 채운다.

오, 바람을 타는 화염! 분홍빛, 노란빛, 담자색, 파란색 정령(精靈)들이 어느 비밀스럽고 낮은 하늘을 꿰뚫어 가며 자신들을 흩뿌리며 사라진다. 그리고 그들은 뜨겁게 달아오른 숯의 냄새를 차가운 대기에 남겨 놓는다! 12의 들판들, 이제 따뜻하구나! 애정을 품고 있는 겨울이구나! 행복한 이들의 크리스마스 전야이구나!

근처의 물푸레나무 덤불은 녹아 버렸다. 가열된 공기를 통해 본 산야의 풍경은 떨리고, 마치 녹아 흐르는 수정인 듯, 정화(淨化)되어 있다. 그리고 전답 관리인의 자식들은 예수 성탄 장면의 모형이 없어, 그저 가난하고 슬픈 모습으로, 불 주변에 모여 그들의 뻣뻣하게 곱은 손들을 따뜻하게 한다. 그리고 그들은 석탄불에 도토리와 밤들을 던지는데, 이것들은 탕 소리를 내며 터진다.

그렇게 하고 나서 그들은 활기를 되찾고, 이제 검은 밤이 되어 붉은 화톳불 위로 뛰며 노래한다.

……계속 걸어가라, 마리아여,
계속 걸어가라. 요셉이여……

나는 플라테로를 그들에게 데리고 가서, 그들이 그와 함께 즐기도록, 그들에게 내준다.

CXVII · 해변 도로

오늘날 민방위대의 막사로 쓰이고 있는 이 큰 집에서 나는 태어났단다, 플라테로야. 내가 어렸을 때, 나는 그 집을 얼마나 좋아했던가! 그리고 여러 색깔의 별들로 장식되고, 건축가 가르피아가 최상의 무어 풍으로 지은 그 초라한 발코니가 얼마나 근사하게 생각되었던가! 저 뒷마당 쇠창살을 통해 보아라. 희고 연보라색 라일락꽃들과 푸른 초롱꽃들은, 파티오의 저 끝 편에서 이제 세월에 의해 검어진 목책 울타리를 장식하고 있는데, 그건 나의 어린 시절의 즐거움이었다.

플라테로야, 오후 플로렌스 거리의 모퉁이에는, 다양한 청색 유니폼을 입은 선원들이 모여, 10월에 들에 쌓아 놓은 곡식 더미처럼, 여기 저기 그룹을 지어 서 있곤 했단다. 그들이 내게는 거인들처럼 보였다. 갑판에서의 버릇대로 넓게 벌린 그들의 가랑이 사이로 나는 저 밑에 있는 강에서 물과 늪의 평행하고 길쭉한 부분들을 볼 수 있었는데, 전자는 밝게 빛나고 후자는 건조하고 누랬다. 강의 다른 지류에선 동화의 나라인 듯 천천히 떠가는 보트가 하나 있었다. 서쪽 하늘에는 맹렬한 붉은 구름 조각들이 보였다……. 그 후 아버지는 누에바 거리로 이사하셨는데, 그 이유는 선원들이 언제나 칼을 휘두르고 다녔기 때문이었고, 또 어린아이들이 매일 밤 현관 앞의 램프와 초인종을 부셔 놓았기 때문이었고, 또 그 길모퉁이에 언제나 바람이 너무 세차게 불었기 때문이었다…….

퇴창에서 사람들은 바다를 볼 수 있었다. 그리고 그들이, 흥분과 호기심에 떠는 어린이들 모두를 모래톱에서 불타고 있는 영국 배를 보도록 옥상으로 데려다 준 그날 밤은 영원히 나의 뇌리에서 지워지지 않을 것이다…….

CXVIII · 겨울

신은 그의 유리 궁전에 있다. 내 말은, 플라테로야, 비가 오고 있다는 것이다. 가을이 지친 가지에 집요하게 매달려 있게 한 마지막 꽃들에, 이제 다이아몬드들이 덥혀 있다. 각 다이아몬드 속에는 하늘, 유리 궁전, 신이 있다. 이 장미를 보아라. 그것은 물로 된 다른 장미를 포함하고 있어, 네가 그것을 흔들면, 알겠지? 새롭고 빛나는 꽃이 마치 장미의 영혼인 양 떨어지고, 장미는 나의 영혼처럼 시들고 처량하게 뒤에 남는단다.

비는 햇빛처럼 유쾌하다는 것이 틀림없다. 보라, 내 말이 틀리냐? 아이들은 억센 모습에 홍조를 띠며 다리를 높이 쳐들며, 얼마나 행복하게 비를 맞으며 뛰어노는지를 보라. 어떻게 참새들이 모두 후드득 갑작스럽게 시끄러운 무리를 지어 우거진 담쟁이—수의사 다르본의 말로는, 플라테로야, 그들의 학교—안으로 들어가는지를 보라.

비가 오고 있다. 오늘 우리는 산야로 나가지 않을 것이다 이런 날은 명상하기에 좋다. 지붕의 낙수홈통에서 어떻게 빗물이 쏟아져 흐르는지를 보아라. 이미 검지만 아직은 조금 누런빛을 띤, 아카시아들이 이제 깨끗해지는 것을 보아라. 어제는 잔디 위에서 나뒹굴었던 아이들의 작은 보트가 어떻게 오늘은 도로 연석의 하수구를 따라 다시 항해하는지를 보아라.

이제 약한 햇살이 번득이자, 교회건물에서 나와 우리 쪽에서 희미하고 오색찬란한 색으로 사라지는 무지개는 얼마나 아름다운지를 보아라.

CXIX · 당나귀 젖(乳)

사람들은 더 빨리 걸으며 12월 아침의 정적 속에서 기침을 하고 있다. 바람은 미사를 알리는 종소리를 읍의 반대편에서부터 뒤집는다. 일곱 시 승합마차는 빈 차로 지나간다……. 나는 창살의 진동하는 소음에 의해 다시금 잠을 깬다……. 장님이, 그가 매년 그렇게 하듯, 암나귀를 거기에 다시 매어 놓은 것인가?

우유 파는 소녀들은 우유단지를 배에 차고 아침 추위 속에서 흰 보배를 선전하면서 길을 빠르게 오르락내리락 하고 있다. 장님이 암나귀로부터 짜내는 우유는 감기를 앓고 있는 사람들을 위해 효험이 있다.

의심할 바 없이, 장님은 장님인지라, 나귀의 쇠퇴하는—매일 매일, 경우에 따라서는, 매 시간 마다 더 나빠지는—건강을 보지를 못한다. 암나귀 몸 전체가 주인의 눈 하나와 같다……. 어느 날 오후, 내가 플라테로와 함께 아니마스의 협곡에 있었을 때, 나는 장님이 가엾은 나귀에게 오른쪽 왼쪽으로 패는 것을 보았는데, 그녀는 초원을 가로질러 달아나 젖은 풀 위에 거의 주저앉았다. 오렌지 나무, 수레바퀴, 또 허공을 강타하였는데, 그것들은 저주하는 욕지거리만큼 강하지는 않았다. 만약 욕들이 단단한 물체였다면, 내성(內城)의 큰 망루도 전복시켰을 것이다……. 가엾은 나귀는 더 이상 강림절들을 맞이하기를 원치 않았고, 그리하여 오난(Onan)[66]처럼 어느 경박한 수컷 나귀의 선물을 불모의 땅위에 뿌려 버림으로써 운명을 거역하며 자신을 보호하였다……. 새끼 나귀들에게 줄 두 골무 길이만큼의 과즙을 위해, 작은 푼돈을 받거나 외상으로 노인들에게 팔면서 어두운 인생을 꾸려 나가는 장님은 나귀가 바로 서서 달콤한 의약(醫藥)의 원천, 비옥한 재능을 계속 보유하기를 원했다.

그리고 여기 그녀의 불운을 쇠창살에 비벼 대는 암나귀는 겨울 내내 늙은 흡연자들, 폐결핵 환자들, 술주정뱅이들에게 봉사하는 하나의 비참한 약국인 것이다.

66 〈창세기〉 38장 9절 참조.

CXX · 청정한 밤

요철로 둘러싸인 흰 지붕들은 차갑고 별이 총총한 상쾌한 푸른 하늘과 극명한 대조를 이룬다. 조용한 북풍의 활기찬 애무는 우리에게 청정한 예리함을 안겨 준다.

누구나 춥다고 생각하며, 문을 걸어 잠그고 있는 집에서 숨어 지낸다. 플라테로야, 너는 너의 자연적인 외투와 내 담요를 걸치고, 나는 나의 영혼을 걸치고, 우리는 깨끗하고 고적한 읍내를 지나 천천히 산책을 할 것이다.

마치 내가 복잡한 은제(銀製) 왕관을 쓴, 거친 돌탑이나 되는 듯이, 얼마나 내적(內的)인 힘이 나를 치켜 올리고 있는가! 얼마나 많은 별들이 떠 있는지를 보아라! 별들이 하도 많아서 현기증이 일어날 것 같구나. 하늘은 지구를 향해 활활 타오르는 이상적인 사랑을 묵주 기도하는 어린이들의 세계라고 사람들이 생각할 법하다.

플라테로야, 플라테로야! 나는 이토록 고적하고 청정하고 단호한 정월달 밤의 순순함과 교환하여 나의 전 생애를 바치고 싶다, 너 또한 그렇게 네 삶을 바치기 원하기를 간절히 바라마!

CXXI · 파슬리 화환

"누가 먼저 거기에 도달할 것인가?"

상(賞)은 내가 전날 빈에서 받은 그림책이었다.

"누가 제일 먼저 제비꽃들에 도달할 것인가? 하나…… 둘……셋!"

소녀들은 석양 햇살을 받으며 즐거운 흰색과 분홍색의 혼잡 속에서 내달리기 시작했다. 그들의 소리 없는 긴장이 아침에 안겨 준 한순간의 정적 속에서, 읍내 시계탑의 시간을 알리는 느릿느릿한 종소리, 푸른 붓꽃들이 우거진 소나무 숲으로부터 작은 피리새의[67] 가냘픈 노래 소리, 실개천의 물 내려오는 소리가 들려왔다……. 소녀들이 첫 오렌지 나무에 도달했을 때, 근처에서 빈둥거리고 있던 플라테로가 게임의 열기에 감염되어 그들의 활기찬 질주에 합세했다. 승리의 기회를 놓칠세라, 그들은 항거하거나 웃을 여유도 없었다…….

나는 그들을 향해 소리쳤다. "플라테로가 이기고 있네! 플라테로가 이기고 있네!"

그렇다! 플라테로는 어느 소녀보다도 앞서 제비꽃들이 있는 곳에 도달했고, 이제 거기 머물러 모래 속에서 뒹굴고 있었다.

소녀들은 숨을 헐떡이며 항거하면서 되돌아왔고, 그들의

---

67 이 단어는 'mosquito 모기'의 축소형이 아니고 'mosquita 굴뚝새 또는 피리새'의 애칭으로 봄이 타당하다.

스타킹을 치켜 올리고 그들의 흐트러진 머리를 가다듬었다. "그것은 무효예요! 그것은 무효예요! 안 돼요, 안 돼요, 안 돼요, 말도 안 돼요."

나는 그들에게 플라테로가 경주를 이겼다고 말했고, 그에게 어떤 식으로든지 보상하는 것이 공정하였다. 물론, 플라테로가 책을 읽을 수는 없는 노릇이기에, 책은 다시 한 번의 경주를 위해 보관될 것이지만, 플라테로에게는 어떤 상이던지 주어야만 했다.

이제 책을 받을 것을 확신하여, 그들은 깡충깡충 뛰고, 온통 홍조를 띄며 웃고 있었다. "그렇죠, 그렇죠, 그렇죠!"

나의 가장 훌륭한 보상은 나의 시구(詩句)이듯이, 플라테로는 자신의 노력에 대한 보상을 받아야 한다. 관리인 부인의 집 문 앞에 놓여 있는 함지에서 약간의 파슬리를 꺼내, 화환을 만들어 그의 이마에 얹어 놓았는데, 마치 스파르타 인(人)에게 주듯, 일시적인 명예일지라도 지고한 화환이 될 것이다.

CXXII · 동방 박사

플라테로야, 아이들은 오늘밤 얼마나 안절부절못할까! 그들을 잠재운다는 것은 불가능했다. 드디어, 잠이 지친 그들을 압도했다. 하나는 안락의자에서, 하나는 벽난로 옆 바닥에, 블랑카는 한 낮은 의자에, 페페가 모르는 사이에 동방 박사들이 들어올 수 없도록 하기 위해 그는 머리를 문 장식 못에 기대고 창가의 돌 벤치에서 잠이 들었던 것이다……. 그리고 이제, 삶에서 멀어진 황홀한 외곽지대에서, 혹자는 그들 모두의 살아 있고, 마술에 걸린 잠을, 박동치는 커다란 심장처럼, 들을 수가 있다.

저녁 식사 전에 나는 그들 모두와 함께 옥상으로 올라갔다. 다른 날 밤에는 그들에게 그렇게 겁을 주는 층계에서 그들은 얼마나 소동을 벌렸던가! "나는 저 채광창이 무섭지 않아, 페페야, 너는 어떠니?" 블랑카는, 나의 손을 꽉 쥐면서, 그렇게 말하였다. 그리고 우리는 모든 어린이의 신발을 발코니의 구연나무들 사이에 놓았다. 플라테로야, 이제 우리, 몬테마요르 아주머니, 티타, 마리아 테레사, 롤릴랴, 페리코, 너와 나는, 침대 시트들, 침대 덮개들, 구식 모자들을 이용하여 변장할 것이다. 그리고 밤 열두 시에 우리는 절구들, 트럼펫들, 또 저 뒷방에 있는 소라를 이용해 축제음악의 음향을 연출하며, 등불을 들고 가장(假裝) 무언배우들의 대열을 이루어 아이들의 창문 옆으로 지나갈 것이다. 너는 나와 함께 앞장서서 나아갈 것이다. 나는 가스파[68] 역을 맡으며 아마 부스러기로 만든 흰 수

68 Lew Wallace의 유명한 소설《Ben-Hur 벤허》(1880)에 나오는 동방박사 세 사람 중의 한 사람.

염을 달 것이고, 너는 영사이신 내 삼촌의 집에서 가져온 콜롬비아 국기를 앞치마로 두르게 될 것이다……. 갑자기 잠에서 깨어난 아이들은, 그들의 놀란 눈에서 꿈의 조각들이 아른거리는 가운데, 덜덜 떨고 어리벙벙하여 잠옷 바람으로 창가로 나올 것이다. 그러고 나서도, 우리는 아직도 그들의 꿈속에서 동이 트기까지 상당한 시간 머무를 것이고, 내일 아침 늦은 시각—푸른 하늘이 덧문 사이로 그들의 눈을 부시게 할 때—에 그들은 옷을 반만 걸치고 발코니로 가 모든 보물의 주인이 될 것이다.

작년에 우리는 한참 웃었다. 나의 작은 낙타 플라테로야, 너는 우리가 오늘밤 얼마나 재미있게 보낼지 보게 될 것이다!

CXXIII · 몬스-우리움[69]

오늘날 이 구릉대(丘陵帶)는 몬투리오라 불린다. 낮고 붉은 언덕들은 모래 도매상들이 파헤쳐 퍼내 가서 매년 더 빈곤해진다. 바다 쪽에서 보면, 이 구릉지는 황금 봉우리처럼 보이는

69 라틴어에서 'urium'은 특정한 흙의 종류를 일컫고, 'Urios'는 '순풍의 제공자 또는 주피터'를 의미하는데, 전자는 후자의 중성명사로 인식될 수 있고, 또 흙빛깔이 적색내지 황색을 띠고 있고, 또한 '금'은 라틴어로 'aurum'이니까 'Mons-urium'은 'Mount of Gold 황금 산'으로 이해된다.

데, 로마인들은 영예롭고 숭고한 이름을 붙여 주었다. 그곳으로 지나가면, 사람들은 공동묘지 길을 택할 때보다 더 빨리 풍차에 도달한다. 폐허들이 그 위에 즐비하고, 거기 포도원들에서 괭이로 땅을 파는 이들은 거기서 유골들, 동전들, 양손잡이 항아리들을 발견한다.

…… 콜롬부스는, 플라테로야, 나를 아주 불편하게 만든다. 사람들 얘기론, 그가 나의 집에도 들렀었다 하고, 산타 클라라 성당에서 성체(聖體)를 받았다고도 하고, 이 야자수나 저 여관이 그 당시부터 유래하고 있는 것이라고도 한다……. 그는 틀림없이 가까이에 있지. 너도 이미 알고 있듯이, 그는 아메리카 대륙에서 선물 두 개를 가져왔다.[70] 내가 강한 뿌리처럼 발밑에서 느끼고자 하는 사람들은 로마인들이다. 바로 이들이 콘크리트로 내성(內城)을 세웠는데, 곡괭이나 타격으로도 손상되지 않아, 플라테로야, 거기에 황새 모양의 풍향계도 박아 넣을 수 없었단다…….

내가 어린아이였을 적에 그 이름, '몬스-우리움'을 배워 안 날을 결코 잊지 못할 것이다. 그것의 현대어 '몬투리오'는 나에게 즉시 또 영원히 고귀하게 되었다. 가장 좋았던 것들에 대한 향수—가엾은 고향도시의 슬픈 사연—는 즐거운 속임이라고 일소(一笑)에 붙여졌다. 이제 나는 누구를 선망(羨望)할

70 담배와 매독.

것인가? 어떤 고대 문물, 어떤 폐허—성당 또는 성채(城砦)—가 석양 같은 백일몽에 관한 상념들을[71] 오래 붙잡을 수 있단 말인가? 나는 갑자기 나 자신이 무궁무진한 보고(寶庫)인 것 같은 느낌을 얻었다. 모게르는 황금 산이란다, 플라테로야. 너는 여기서 만족하며 살다가 죽을 수 있을 것이다.

CXXIV · 포도주

플라테로야, 나는 네게 모게르의 영혼은 빵이라고 말했지. 틀렸다. 모게르는 일 년 내내 둥글고 푸른 하늘 밑에서 황금 포도주를 기다리는 두껍고 투명한 유리로 된 높고 날씬한 술잔과 같다. 9월이 오면, 마귀가 사람들의 흥을 깨지 않는다면, 이 잔은 가장자리까지 그득하게 채워지고 자선가의 너그러운 마음같이 언제나 넘쳐흐른다.

그때 온 읍내에서는 포도주 냄새가 다소간 아낌없이 나고 서로 잔을 부딪치는 소리가 들린다. 그것은 마치 태양이, 하얀 소도시의 투명한 컵 안에 자신을 가두는 즐거움을 위해 그리고 자신의 좋은 피의 기운을 북돋는 즐거움을 위해, 값싸게

71 에른스트 블로흐 Ernst Bloch의 《희망 원칙 Prinzip Hoffnung》 참조.

구입하게 액체의 아름다움으로 자신을 선물한 것과 흡사하다. 석양 노을빛이 읍내 위로 내릴 때, 모든 길가의 모든 집은 후아니토 미구엘 또는 근왕당원의[72] 선반들 위에 있는 하나의 포도주 병 같다.

나는 터너(Turner)의 그림 〈나태의 원천〉이 생각나는데, 그것은 노란 레몬색에 완전히 새 포도주로 칠한 것 같다. 그런 식으로, 솟아오르는 포도주의 원천인 모게르는 피처럼 쉴 새 없이 흘러 자신의 각 상처를 씻는다. 그것은 슬픈 환희의 원천으로서 사월의 태양처럼 매년 봄철에 솟아오르지만 매일 진다.

CXXV · 우화

내 어린 시절부터, 플라테로야, 나는 교훈적 우화들에 대해 어떤 본능적 혐오감을 느껴 왔는데, 그것은 교회, 민방위대, 투우사들, 아코디언에 대해서도 마찬가지였다. 가엾은 동물들은, 우화 작가들의 대변자로 허튼 소리를 하기 때문에, 자연사(自然史) 교실 안에서 악취를 풍기는 유리진열관에서 침묵하는 그들의 모양새는 혐오스럽게 보였다. 그들이 말한 한마디 한

72 전자는 소시민 소매상으로 후자는 술집 주인으로 이해된다.

마디—내 말은, 카타르에 시달리며, 누렇게 뜬 피부에 목이 쉰 신사가 그들에게 말하게 한 것—는, 나에게는 유리 의안(義眼), 철사로 만든 날개, 가짜 나뭇가지의 버팀목 같았다. 그 후에, 내가 우엘바와 세비야에서 서커스에서 훈련된 동물들을 보았을 때, 작문 용지와 상(賞)들과 더불어 버려진 학교의 망각 속에 밀쳐 버린 우화는 사춘기의 불쾌한 악몽같이 다시금 떠올랐다.

내가 이미 어른이 되었을 때, 플라테로야, 내가 그처럼 자주 언급하고 인용한 우화 작가 라퐁텐은 나와 말하는 동물들을 화해시켰다. 그리하여 때때로 그의 한 구절은 나의 귀에 갈까마귀, 비둘기, 또는 염소의 진짜 목소리로 들리곤 했다. 그러나 나는 언제나 결론적 '도덕', 즉 메마른 꼬리, 남은 재, 끝판에 땅에 떨어져 느슨하게 끌려가는 깃털을 읽는 것은 생략했다.

물론 플라테로야, 너는 단어의 통속적 의미에서의 '당나귀'도 아니고, 스페인 학술원의 사전에 실려 있는 그 말의 정의(定義)와도 일치하지도 않는다. 너는 내가 알고 이해하는 바의 너란다. 너는 너의 언어가 있고, 그것이 내 언어가 아니라는 것은 바로 내가 장미의 언어를 갖고 있지 않고, 또는 장미가 나이팅게일의 언어를 갖고 있지 않는 것과 마찬가지다. 그러니까, 네가 나의 책들을 봐서 짐작하겠지만, 나는 너의 음성적 표현을 여우나 검은 방울새의 것과 뒤섞은 후에 결론부의 도덕적 우의를 이탤릭체로 도출하기 위해 내가 너를 언젠가 작은 우화의 엉터리 주인공으로 만들 것이라고 두려워하지 마라. 그런 일은 절대 없을 것이다, 플라테로야…….

CXXVI · 사육제

오늘 플라테로는 얼마나 아름다워 보이는가! 월요일은 사육제이고, 어린아이들은, 자신들을 투우사, 어릿광대, 멋쟁이 직공으로 변장을 하고, 플라테로에게는 적색, 초록색, 흰색, 노란색의 아주 멋진 당초무늬로 수놓은 무어 풍의 말 장식들을 입혀 놓았다.

소나기, 햇빛 그리고 추위. 작고 둥근 색종이 조각들은 매서운 늦은 오후 바람을 맞아 보도 위에서 한 방향으로 두 줄을 이루며 굴러가고 있고, 변장을 한 이들은 몸이 차가워져 그들의 푸르퉁퉁하게 얼어붙은 손들을 녹이려고 손에 잡히는 무엇이나 바지 주머니로 만들고 있다.

우리가 광장에 도착했을 때, 길고 흰 속옷 차림을 하고 헝클어진 검은 머리에 초록 잎 화환을 장식하여 미친 여자들로 분장한 몇몇 여인들은 플라테로를 그녀들의 시끄러운 원둘레의 한복판으로 끌어 놓고, 손에 손을 잡고 그의 주위를 즐겁게 맴돌았다.

플라테로는 주저하며 귀들을 쫑긋 세우고 머리를 쳐들고는, 불에 둘러싸인 전갈처럼 어디로든지 도망가려고 초조하게 애를 쓴다. 그러나 그가 너무 작기 때문에, 광녀들은 그를 두려워하지 않고, 노래하고 웃으며 그의 주위를 신나게 맴돌았다. 작은 어린애들은 그가 포로가 된 것을 보고는 당나귀 울음소리를 들어 보려고 나귀울음 흉내를 낸다. 이제 광장 전체는 구리쇠 꽹과리, 나귀울음 소리, 웃음, 노래 자락들, 탬버린들, 절구 소리들의 시끄러운 연주회가 되어 버렸다…….

드디어 플라테로는 사람처럼 의연하게 원둘레를 뚫고, 울상이 되어 나에게 구보로 오고 있는데, 화려한 말 장식들은 그에게서 미끄러져 떨어진다. 나와 마찬가지로, 사육제는 그에게 아무 쓸모가 없다……. 우리에게 그런 것들은 영 맞지 않는다…….

CXXVII · 레온

플라테로와 나는, 따스한 2월 오후 병원의 담자색에 황금빛이 녹아들기 시작한 이른 황혼에, 한적하고 명랑한 상태에서 몽하스 광장의 늘어선 돌 벤치들 양쪽에서 각각 유유히 걷고 있었는데, 어느 누군가가 우리와 함께 있다는 것을 나는 갑자기 느낀다. 내가 머리를 돌리자, 나의 눈은 "후안 님"[73] 하고 부르는 말과 맞부딪친다. 그리고 레온은 손뼉을 친다.

그렇다, 그는 레온이다. 그는 저녁 야외음악회를 위해 이미 향수를 뿌리고 정장을 하고 있다. 그는 격자무늬 재킷을 입고 흰 광목을 댄 검은 에나멜가죽 장화를 신고 있고, 초록색 손수건을 윗주머니 밖으로 늘어트리고, 팔 밑에는 번쩍이는 심벌즈를 끼고 있다. 그는 나의 어깨를 가볍게 치며 내게 말하기를 신은 모든 사람에게 어떤 개별적 재능을 부여하고 있고, 또 내가 신문들을 위해 글을 쓰고 있다면, …… 그는 섬세한 귀를 지니고 있기에 그 나름대로의 능력을 보유하고 있다는 것이다.[74] …… "당신도 정말 아시다시피, 후안님, 심벌즈

---

73 이 호명은 시인 후안 라몬 히메네스(Juan Ramón Jiménez) 본인을 가리키고, '돈 Don'은 남자의 이름 앞에 부치는 경칭.

74 히메네스는 그 안달루시아 지방에 속하는 모게르에서 목격되는 '황소 같은 힘의 과시 또는 남성우월주의(machismo)'에 언제나 거북한 감을 표시했는데, 이 장(章)의 주인공 레온에게서도 그런 '마치스모'가 감지되고 있고 그와 동시에 시인이 선호하는 것은 어떤 부드럽고 섬세한 것임을 암시하고 있음. (본 역자에게 이 에피소드는 처음에는 잘 이해가 되지 않았으나, 필자의 기억에 갑자기 과거에 있었던 일이 생각이 났다. 필자가 미국의 어느 도시에서 살고 있었을 때, 그의 한 친구는 그곳의 저명한 대학의 물리학 교수였고, 그 대학에 또 다른 한국인 한 사람은 태권도 시간 강사였다. 그 교수 말이, 어느 날 그 태권도 강사가 말하기를 그 물리학 교수도 대학교수이고, 자기도 대학교수이니, 전공은 달라도 결국은 다 마찬가지라고 하더라는 것이었는데, 그는 다소 난감해 했다. 또 그 태권도 선생은 시내에서 태권도 도장을 운영하고 있었다.)

는 …… 가장 까다로운 악기이죠……. 악보 없이 연주되는 유일한 악기이죠."…… 그가 지휘자 모데스토를 곤혹스럽게 하기를 원한다면, 그의 섬세한 청각의 덕으로, 그는 새로운 곡들을, 악단이 그것들을 채 연주하기도 전에, 휘파람으로 불어 댈 것이라고도 했다. "아시다시피,…… 모든 사람은 각기 그 자신의 재능을 지니고 있어요……. 당신은 신문들을 위해 글을 쓰시죠……. 나는 플라테로보다도 더 강합니다. …… 여기를 만져 보세요……"

그리고 그는 나에게 머리가 벗겨지기 시작한 나이든 머리를 보여주는데, 그 한가운데 질기고 메마르고 오래된 머스크멜론 껍질처럼, 까스띠야의 고원처럼 펀펀하고 굳은 피부가 그의 힘든 직업의 명백한 단서이다.

그는 내 어깨를 가볍게 툭 치더니, 몸을 훌쩍 날리며, 마맛자국이 있는 눈으로 윙크하고는 어떤 춤곡을 휘파람불며—그것은 의심할 바 없이 그날 밤 연주하게 될 신곡(新曲)일 텐데—저리로 가 버린다. 그러나 그는 갑자기 발걸음을 되돌리고는 내게 명함을 건네준다.

레온

모게르의

최선임(最先任) 하역부(荷役夫)

CXXVIII · 풍차

그때 그것은 나에게 얼마나 크게 보였던가, 플라테로야, 이 연못 말이다. 그리고 붉은 모래로 된 이 원형극장은 얼마나 높았던가! 바로 이 물에 자신 그대로의 소나무들이 비치고, 훗날 나의 꿈들을 소나무들의 아름다움의 이미지로 채웠단 말인가? 내가 한때 희열에 넘치는 태양광선의 음악 속에서, 내 생애의 가장 밝은 풍경을 본 곳이 바로 이 발코니에서였던가?

그렇다, 집시 여인들이 저기 있고, 황소들에 대한 두려움도 되살아난다. 저기 예전처럼 고독한 사람 (같은 사람일까? 다른 사람일까?), 바로 어느 술 취한 카인이[75] 있고, 그는, 우리가 지나갈 때, 허튼 소리를 지껄이다가, 사람들이 오나 하고 그의 한쪽 눈으로 길 쪽을 바라보더니,…… 곧 그치고 만다……. 태만이 거기 있고, 비가(悲歌)도 거기 있으나, 전자는 얼마나 새롭고, 후자는 얼마나 부패했나!

내가 현장에 와서 그것을 다시 보기 전에, 플라테로야, 나는 이 장소(paraje)를,[76] 나의 어린 시절에 황홀했던 그곳을 쿠르베의 그림에서 또 뵈클린의 다른 그림에서 보았다. 나는 언제나 가을 황혼녘에 불타는 붉은빛, 모래가 침식하는 수정 같

75 《성경》〈창세기〉 4:12 참조; 카인은 동생 아벨을 쳐 죽인 죄로 평생 방랑하도록 저주 받음; 여기서는 그런 운명을 타고난 한 현대인의 유형을 의미한다.

76 문학적 토포스 topos, 즉 어떤 특정한 의미를 지닌 장소를 뜻한다.

은 연못가의 소나무 숲과 함께 하는 붉은빛의 화려함을 화폭에 담아 보기를 원했다……. 그러나 이제 남아 있는 것은 밀짚꽃으로 장식된 추억뿐인데, 그것은 활활 타오르는 화염 옆에 있는 티슈페이퍼처럼, 내 유년 시절의 마력적 광채 속으로 휘말려 들어가고 만다.

CXXIX · 탑

아니, 너는 탑 위로 올라갈 수 없어. 너는 너무 크다. 그래, 만약 그것이 세비야 성당의 히랄다 탑이라면, 좋으련만!

네가 그 위로 올라가면 나는 얼마나 즐거울까! 시계 밑 발코니에서 사람들은 색유리 채광창들이 있는 읍내의 흰 옥상들과 남색으로 칠하고 꽃들이 피어 있는 화분들을 볼 수 있단다. 그 다음에, 그리로 끌어 올렸을 때 큰 종이 훼손한 남쪽 발코니에서 사람들은 내성의 안뜰을, 십일조 포도주 저장창고를, 또 만조(滿潮) 때는 바다도 볼 수 있단다. 더 높이 올라가면, 그 종탑에서 네 읍들, 세비야와 리오틴토를 가는 기차, 또 돌출 바위산 위에 있는 동정녀 마리아상이 보인다. 그 다음으로, 사람들이 쇠창살을 붙들고 더 올라가면 번개에 의해 타격을 받은 후아나 성녀의 발을 만져 볼 수 있는 데까지 갈 수 있단다. 그리고 황금빛 파란색과 흰색 타일 한가운데 있는 작은 탑 창문에서 너의 머리가 불쑥 튀어 나오면, 성당 광장에서 투우 흉내를 내며 놀고 있는 어린아이들은 놀랄 것이고, 그들의 청량하고 즐겁게 외치는 고음 소리는 너 있는 데까지 올라올 것이다.

얼마나 많은 승리들을, 가엾은 플라테로야, 너는 단념해야 하는 것이냐! 너의 삶은 오래된 공동묘지로 가는 짧은 길만큼이나 단순하구나!

CXXX · 모래 상인의 당나귀들

플라테로야, 젖은 모래의 붉은 짐을 끝이 뾰족할 정도로 가득 싣고 천천히 힘없이 걸어가는 케마도의 당나귀들을 보아라. 그들을 수시로 때린 초록색 야생 올리브 나무 회초리가 모래 속에, 마치 그들의 심장에 박힌 듯, 꾹 찔러 넣어져 있다.

CXXXI · 서정 단시

보아라, 플라테로야. 작은 서커스 말처럼, 그것은 감미로운 빛의 바다의 하나의 짧은 파도 물결처럼 흰 모습으로, 정원 둘레를 세 바퀴 돌았고, 이제 다시 어도비 담 위로 지나갔다. 나는 그가 반대편 들장미 덤불에 가 있는 것을 머릿속에 그려볼 수 있고, 회벽을 꿰뚫고 그것을 보는 듯하다. 저것을 보아라. 그것은 다시 여기 와 있다. 실제로, 나비는 둘인데, 하나는 하얀색, 진짜이고, 다른 하나는 검은색, 그의 그림자다.

플라테로야, 세상에는 다른 아름다움이 숨길 수 없는, 절정에 이른 아름다움들이 있다. 바로 너의 얼굴에서 눈들이 가장 돋보이는 매력이듯이, 별은 밤의 매력이고, 또 장미와 나비는 아침 정원의 매력이다.

플라테로야, 그것이 얼마나 잘 나는지를 보아라! 그처럼 날아다닌다는 것은 얼마나 신명나는 일일까! 그것은 참다운 시인인 나에게 시구(詩句)의 즐거움과 분명히 같을 것이다. 그것은 자신에서 그의 영혼까지 전적으로 그의 존재는 날아다님에 있다. 그 밖의 어떤 것도 이 세상에서—내 말은 정원에서—중요하지 않아 보인다.

잠자코 있어라, 플라테로야…… 보아라. 저것이 저처럼 나는 것을, 순수하고 불필요한 동작이 조금도 없이 날아다니는 것을, 보는 것은 얼마나 기쁜 일인가!

CXXXII · 죽음

나는 플라테로가 눈을 부드럽고 슬프게 뜨고 밀짚 침상에 길게 뻗어 있는 것을 발견하였다. 나는 그에게로 가서, 그를 쓰다듬으며 말을 걸었고, 그를 일으켜 보려고 했다…….

그 가엾은 것은 갑자기 몸을 부들부들 떨며 일어나려 했지만, 앞다리 하나가 펼쳐지지가 않았다……. 그때 나는 그의 앞다리를 땅에 쭉 뻗게 했고, 그를 다시 다정하게 쓰다듬어 주고는, 수의사를 부르러 사람을 보냈다.

늙은 다르본은, 플라테로를 보기가 무섭게, 그의 이빨 없는 큼직한 입을 목덜미까지 축 내려놓더니, 그의 시뻘건 대머리를 가슴팍 위에서 시계추처럼 절레절레 흔들었다.

"좋지가 않죠, 그렇죠?"

나는 그의 대답을 기억하지 못한다……. 그 불쌍한 놈이 끝장난다고,…… 어떻게 해볼 도리가 없노라고,…… 어떤 고통이 있다고,…… 어떤 독이 있는 뿌리가,…… 그 풀 한가운데 있는 흙이……

정오에 플라테로는 죽었다. 그의 솜 같은 작은 배는 엄청나게 부풀어 올랐고, 그의 다리들은 뻣뻣하고 변색이 되어 하늘을 향해 들어 올리고 있었다. 그의 곱슬곱슬한 털가죽은 오래된 인형들의 좀이 먹어 아마(亞麻) 부스러기가 된 머리털 같아서, 사람들이 그 위를 손으로 쓰다듬으면, 그것은 먼지 같은 슬픔 속으로 바스러져 떨어져 버린다…….

조용한 마구간에서 세 가지 색의 아름다운 나비가, 작은 창문으로부터 흘러들어 오는 태양광선을 지나 날아갈 때마다 번쩍 번쩍 빛나며 퍼덕이고 있었다.

CXXXIII · 향수(Nostalgia)

플라테로야, 너는 우리를 보고 있지, 그렇지 않니?

너는 정원 물이 얼마나 평온하게 웃고 있고, 또 밝고 차가운 것을 보고 있지 않니? 또 마지막 햇살을 받으며 부지런한 벌들이, 아직 언덕을 불 지르고 있는 석양빛에 담자색, 분홍색 그리고 금빛을 띠는 초록빛 로즈메리 주변을 날아다니고 있는 모습이 보이지 않니?

플라테로야, 너는 우리를 보고 있지, 그렇지 않니?

세탁하는 여인들의 작은 당나귀들이 오래된 샘터의 붉은 언덕을 따라 지나가는 모습, 하늘과 땅을 단 하나의 찬란한 수정(水晶) 속에 결합시키는[77] 거대한 순수함 속에서 피곤하고 절룩거리고 슬픈 그들의 모습이 보이지 않니?

---

77 고대로부터 내려오는 토포스로 '하늘과 땅'의 '신비한 결합 unio mystica'나 고대 희랍전통의 'hieros gamos .신성한 결혼'을 참조.

플라테로야, 너는 우리를 보고 있지, 그렇지 않니?

너는 아이들이 시스토스 나무들 한가운데로 뛰어다니는 것이, 또 그 가지들 위에 자신들의 꽃들인 양, 진홍 반점이 찍힌 흰 나비들의 가벼운 무리가 부동(浮動)하며 앉아 쉬고 있는 것이 보이지 않니?

플라테로야, 너는 우리를 보고 있지, 그렇지?

플라테로야, 너는 우리를 보고 있니? 아무렴, 너는 우리를 보고 있어. 그리고 나는 내가 듣고 있다고 생각하고 있지. 정말, 그래, 맑은 황혼녘에 포도원들의 계곡 전체를 감미롭게 해주는, 너의 부드럽고 구슬픈 나귀 울음을 정말 듣고 있단다…….

CXXXIV · 가대(架臺)[78]

나는 목제 가대 위에 가엾은 플라테로의 안장, 재갈, 고삐를 올려놓고, 모든 것을 큰 창고로, 아이들의 잊혀 진 요람들이 간직되어 있는 그 구석에 가져다 놓았다. 창고는 공간이 넓고, 조용하고, 햇빛이 잘 든다. 거기에서 모게르의 온 시골 풍경이 보인다. 왼쪽으로는 붉은빛을 띠고 있는 풍차. 정면에는 송림으로 감싸인 흰 순례자 예배당과 함께 몬테마요르 성당. 성당

---

78 튼튼하는 모탕으로 아래쪽에 네 발이 달렸다.

뒤로는 눈에 잘 띄지 않는 피냐 과수원. 서쪽으로는 여름철 만조 때에 번쩍이는 깊은 바다.

방학 기간 중에, 아이들은 창고에 가서 논다. 그들은 부서진 의자들을 여러 마리 끄는 동물인 양 이어 승합마차를 만든다. 붉은 오커로 칠한 신문지들로 극장을 만든다. 성당, 학교…….

어떤 때 그들은 영혼 없는 가대에 올라타고서, 쉴 새 없이 손과 발을 부산하게 놀리며 그들의 상상력의 초원을 구보하며 지나간다.

"이랴, 플라테로! 이랴, 플라테로!"

CXXXV · 우수(憂愁)

오늘 오후, 나는 아이들과 함께, 피냐 과수원 안에 둥글고 자애로운 소나무 발치에 있는 플라테로의 무덤을 방문하기 위해 나들이하였다. 사월은 주위의 축축한 땅을 큰 노란 붓꽃들로 장식했다.

방울새들은 중천(中天)의 푸른빛으로 초벌칠을 한 녹색 둥근 지붕 위에서 노래하고 있고, 빠르고 꽃 같은, 웃는 지저귐은 따뜻한 오후의 금빛 공기 속에서 새로운 사랑의 밝은 꿈처럼 퍼져 나갔다.

아이들은, 그곳에 도착하자마자, 소리 지르는 것을 멈추었다. 조용하고 진지하게 그들의 시선을 나의 눈에 고정시키고, 그들은 무척 알고 싶어 하는 질문들을 내게 쏟아 냈다.

"플라테로야, 나의 친구야!" 하고 나는 땅에게 말했다. "만약 네가, 내가 믿고 있듯이, 이제는 천국의 초원에서 머물며 어린 천사들을 너의 텁수룩한 등에 태워 주고 있다면, 너는 혹시 나를 잊어버린 것이 아니냐? 플라테로야, 내게 말해 다오. 너는 아직도 나를 기억하고 있니?"

그러니까, 마치 나의 물음에 대답을 하는 듯이, 내가 전에 한 번도 본 적이 없는 어느 가벼운 흰 나비가 한 영혼처럼 붓꽃에서 붓꽃으로 날며 부드럽게 퍼덕거렸다…….

CXXXVI · 플라테로에게

모게르의 하늘에 있는

사랑스럽게 구보하는 나의 플라테로여, 선인장들, 아욱들, 인동덩굴들이 즐비한 협곡의 길들을 넘어 그처럼 자주 네 영혼—오직 내 영혼만!—을 태워 준 나의 작은 당나귀여! 나는 너에게 이 책, 너에 관해 말하고 있는 이것을 바친다, 네가 이제는 그것을 이해하고 있을 테니까.

책은 이제 천국에서 풀을 뜯고 있는 너의 영혼에게 가는데, 너의 영혼과 더불어 틀림없이 함께 승천한 우리의 모게르 산천의 영혼을 통해서이다. 이 책의 책등을 타고 승천하는 나의 영혼은, 꽃핀 가시나무 사이로 여행하는 동안, 매일 매일 더 선하고 더 평화롭고 더 순수하게 되고 있다.

그렇다. 나는 이것을 알고 있다. 해질 무렵 내가 생각에 잠겨 천천히 찌르레기들과 오렌지 꽃들을 지나 외로운 오렌지 숲을 거쳐 너의 죽음에 자장가를 불러 주는 소나무에 도착할 때, 플라테로야, 너는 영원한 장미들의 초원에서 지복한 채, 너의 묻힌 심장에서 싹터 나온 노란 분꽃들 앞에 내가 멈춰서 있는 것을 볼 것이다.

CXXXVII · 마분지 플라테로

플라테로야, 일 년 전에 내가 너를 회상하며 쓴 이 책의 일부가 세상에 모습을 드러냈을 때, 나와 너의 친구인 한 숙녀가 내게 이 마분지 플라테로를 선물해 주었다. 너는 그곳에서 이것을 볼 수 있니? 보아라. 이것은 반은 회색이고 반은 흰색이다. 입은 검고 붉다. 그의 눈들은 엄청나게 크고 또 엄청나게 검다. 마분지 플라테로는 분홍색, 흰색, 노란색 견지(絹紙) 꽃들이 가득한 여섯 개의 화분들을 담은 찰흙 바구니들을 등에 지고 있다. 그것은 머리를 움직이고, 네 개의 거친 바퀴들이 달린, 남빛으로 칠한 판자 위에 서 있다.

너를 추억하니, 플라테로야, 나는 이 작은 장난감 당나귀를 좋아하게 되었단다. 내 서재에 들어오는 사람마다 미소를 지으며 그것에 말을 건넨다. "플라테로." 만약 누군가가 그것이 무엇을 표시하는지를 모르고, 내게 그것에 관해 묻는다면, "그건 플라테로예요."라고 나는 말해 준다. 그리고 그 이름은 나를 그런 감정에 그처럼 완전히 익숙하게 해주었기 때문에, 이제 내가 혼자 있을 때도, 나 또한 그것이 너라고 믿고 그것에 나의 눈길을 보낸다.

너라고? 기억은 인간의 마음속에서 얼마나 변덕스럽나! 오늘 이 마분지 플라테로가 나에게 플라테로 너보다 더 플라테로처럼 보인단다, 플라테로야…….

마드리드, 1915

CXXXVIII · 플라테로에게, 그의 땅에서

한순간 플라테로야, 나는 너의 죽음의 동반자가 되고 싶다. 나는 살아왔다고 할 수 없다. 그 이래로 어떤 일도 없었다. 너는 살아 있고 나는 너와 함께 있어……. 나는 혼자 왔다. 그 당시의 소년들과 소녀들은 이제는 성인 남자들이고 여자들이다. 파멸—네가 이미 알고 있듯이—이 우리 세 사람을[79] 덮쳐 버렸다. 그 폐허 위에 가장 아름다운 부(富)의 소유자, 우리 자신의 마음의 주인들인 우리가 똑바로 서 있다.

나의 마음! 나는 다른 두 분의 마음도, 나의 경우와 같이, 흡족하기를 바란다. 나는 그들이 내가 생각하는 방식으로 생각할 수 있기를 바란다. 하지만 아니다, 그들이 생각하지 않는 것이 더 나을 것이다……. 그렇게 함으로써, 그들에게 나의 악의, 나의 냉소주의, 나의 적절치 못한 혹평들에 대한 슬픈 기억이 면제될 것이다.

나는 얼마나 큰 기쁨을 느끼고 위로를 받으며 너 이외에는 누구도 알아서는 안 될 이러한 것들을 너에게 얘기해주고 있는 것이랴!…… 나는, 이 현재가 나의 삶의 모든 것이 되고 그것이 그들에게 장차 추억으로 보이도록, 나의 행동들을 정돈할 것이다. 내가 그런 식으로 살아간다면, 미래는 그들에게 그

---

79 아마도 시인의 부모와 자신을 의미하는 것 같다.

늘에서 평온하고 은은하고 달콤하고 비슷한 크기의, 똑같은 색의 제비꽃인 과거를 남겨 줄 것이다.

너는, 플라테로야, 과거 속에 홀로 있구나. 그러나 과거가 네게 무슨 상관이 있겠니? 너는 이제 영원 속에 살고 있고, 네 손에 매일같이, 내가 여기서 그렇게 하고 있듯이, 영원한 신의 심장처럼 진홍빛, 새벽의 해를 쥐고 있는 것이 아니겠니?

모게르, 1916

히메네스의 대표적 명시(名詩)들

사랑Amor[80]

너는 죽지 않았어, 그렇다.

　　　　　　　　　　　　다시 태어났어,

봄이 올 적마다 장미와 더불어.

인생처럼, 네게는

메마른 잎들이 있고, 또

인생처럼, 네게는

눈구름도 있는 거야……

　　　　　　　　　　　　그러나 너의 땅엔,

사랑이여, 망각 속에서라도

성취되어져야 할

심오한 약속들이

뿌려져 있는 거지.

사랑을 하지 않으려는 너의 욕구는 헛된 것이여!

어느 날, 감미로운 미풍이 영혼에 불어오고,

별들이 빛나는 밤은,

사랑이여, 그 첫 번 때와 같이 정숙하게,

심금을 울릴 것이다.

너는 순수하기 때문에, 너는

---

80 《생각에 잠긴 이마 La Frente Pensativa》(1911-1912)에 수록되어 있다. 발행되지 않은 원고로 남아 있다가 히메네스 사후 Edición Linteo 청소년 문고판으로 2009년 마드리드에서 출간하다.

영원한지고! 저 푸른 하늘을 지나,

너의 면전으로, 우리가 죽었다고 믿었던

비둘기들은 흰 무리를 지어, 되돌아오고 있어……

너는 하나하나의 꽃을 새로운 잎으로 피어나게 하고,

그 불사(不死)의 빛을 새로운 언어로 도금하고 있는 거야……

사랑이여, 그대는 봄처럼

영원하구나!

10월 Octubre[81]

카스틸랴의 무한한 들판을 바라보며
나는 땅 위에 누워 있었고,
가을은 바야흐로 그 투명한 황혼의 감미로움 속에
온통 전야(田野)를 물들이고 있었다.

쟁기는, 평행선의 고랑을 이루며
그 검은 땅을 천천히 파헤쳐 놓았고, 소박한
열린 손은 그 정숙하게 벌려진 땅속에
씨를 뿌려놓기 시작하였다.

나는 그 고매하고 깊은 감정들로 가득 찬 나의 심장을
도려내어 그것을 거기에 던져 넣을 생각을 했는데,
즉 나의 다정한 고향땅의 넓은 밭고랑 속으로,

그것을 쪼개 내어 씨처럼 뿌림으로써,
봄이 그 영원한 사랑의 정숙한 나무를
온 천하에 보여줄 것인지를 보기 위함이었다.

---

81 《정신적 소네트들 Sonetos Espirituales》에 수록되어 있다.

바다 Mar[82]

그대는 분투하고 있는 것 같구나. 바다여!—

오, 끝없는 무질서여, 끊임없는 무기여!

이는 자신과의 만남이거나 또는 나와 그대의 만남이구나.

얼마나 거창한 자기 시현(示顯)인가,

그대 자신을 외로이 드러내고 있구나.—

동반녀(同伴女)도 없이, 아니면, 동반남도 없이 말이지,

그야 내가 그대를 남성 또는 여성으로 부르기에 달렸겠지만,—

오늘날 우리 세계의

완벽한 장관을 펼치고 있구나!

출산의 장면처럼 자신의 모습을

세상에 드러내고 있구나!—얼마나 피로하겠는가!

유일무이한 그대 자신에게로!

그대, 그대 자신을 향해, 단지 그대 자신 속으로

충만(充滿) 중의 충만을 고적하게 이루고 있구나, ……

이는 자신과의 만남이거나 또는 나와 그대의 만남이어라!

---

82 《최근 결혼한 시인의 일기 Diario de un poeta recién casado》에 수록되어 있다.

하늘 Cielo[83]

내 그대를 잊고 있었지,

하늘이여, 또 그대는 빛의 막연한 존재에

지나지 않았었지.

나의 피곤하고 나른한 두 눈이

바라보는—이름 없는—대상(對象)이었지.

그리고 그대는, 여행자의

나태하고 희망 없는 말들 속에서,

꿈에서나 본 해상(海上) 경치의 반복된

짧은 환초(環礁) 모양으로 보였지…….

오늘 나는 천천히 그대를 바라보았지,

그리하여 그대는 그대의 이름에 합당하게 계속 솟아올랐지.

---

83 《최근 결혼한 시인의 일기》에 수록되어 있다

지성(知性)이여, 내게 주오![84] Intelijencia, dame

지성이여, 사물들의 정확한 명칭을

내게 주오!

……그리하여 나의 말이, 본질적으로

나의 영혼에 의해 창조된,

사물(事物) 그 자체가 되게 하라!

그 사물들에 대해 아는 바가 없는 이들로 하여금

모두 나를 통해 그것들에 접(接)하도록 하라.

또 그 사물들을 이미 잊고 사는 이들로 하여금

모두 나를 통해 그것들에 접하도록 하라.

또 그 사물들을 사랑하는 그런 사람들까지도

모두 나를 통해 그것들에 접하도록 하라……

지성이여, 그 사물들의 정확한 명칭을,

너의 명칭을, 그들의 명칭을, 나의 명칭을,

내게 주오!

---

84 《영원성들 Eternidades》에 수록되어 있다.

그녀는 처음엔 순수하게 왔다 Vino, primero, pura[85]

그녀는 처음엔 순수하게,

순결한 옷을 입은 처녀로 왔고,

나는 그녀를 어린이의 눈빛으로 사랑하였다.

그러더니 그녀는 온갖 멋진 옷으로

몸을 휘감기 시작했다.

그리고 나는 무의식중에

그녀를 미워하기 시작했다.

이어서 그녀는 화려하게

보석들로 치장하고서는

여왕이 되었는데……

나는 얼마나 나는 씁쓸하고 지각없이 분노했던가!

……하지만 이제 옷을 벗기 시작하였고,

나는 그녀를 향해 미소 지었다.

이제 그녀에게 남은 것은

그녀의 그전 순결성의 가운뿐이었다.

나는 다시금 그녀를 믿었다.

---

85 《영원성들》에 수록되어 있다.

그러더니 그녀는 그 가운마저 벗어버리고

완전한 나체로 나타났다……

오, 나의 삶의 열정인 벌거벗은 시(詩)여!

그것은 이제 영원히 나의 것이다!

하루를 헛되이 보내지 마라 No dejes ir un día[86]

그대는 어느 하루를 보내되 거기서 반드시
어떤 숭고하거나 간결한 비밀을 취할지어다.
그대의 민첩한 삶이
매일 매일의 발견이 되게 할지어다.

신이 그대에게 베푸는 그 하나하나의
단단한 빵 조각에 그대는 그대 영혼의
가장 신선한 다이아몬드로 되갚을지어다.

86 《영원성들》에 수록되어 있다.

나는 다시 태어날 것이다 Renaceré yo[87]

나는 돌로 다시 태어날 것이고,
여전히 여인인 그대를 사랑할 것이리라.

나는 바람으로 다시 태어날 것이고,
여전히 여인인 그대를 사랑할 것이리라.

나는 물결로 다시 태어날 것이고,
여전히 여인인 그대를 사랑할 것이리라.

나는 화염으로 다시 태어날 것이고,
여전히 여인인 그대를 사랑할 것이리라.

나는 남자로 다시 태어날 것이고,
여전히 여인인 그대를 사랑할 것이리라.

---

87 《총체적 계절 La estación total》에 수록되어 있다.

나의 제3의 바다에서 En mi tercero mar[88]

그대는 나의 제3의 바다에 마냥
그 모든 빛깔의 빛깔로,
(내가 어느 날 그대의 흰 빛을 서술하였듯이),
그 모든 음향 중의 음향으로 존재했었고,
그것을 나는 그 모든 출발의 회색 터미널을 지나
공기, 대지, 물, 불, 사랑을 통해
언제나 그 빛깔로 따라갔다.

그대는 불, 물, 대지와 공중에서
사랑으로 존재하였고 또 존재하게 되었고, 이제도
나의 남성 육체 속에서 또 여인의 육체 속에서
그 사랑으로 남아서
항시적으로 모든 것의
요소인 그 자연 요소의 총체적이고
유일한 형식을 이루고 있다.
그리고 나는 그대를 지녀왔고 그대를 영원히 지닐 것이지만,
그렇다고 모든 이가 다 그대를 보는 것은 아니고 또 어떤 특정한 날이
되기까지는 그대를 바라보는 우리도 그대를 보지 못한다.

그 가장 완벽한 사랑은, 사랑이여, 바로 그대로서,

---

88 《심도(深到)의 동물 Animal de Fondo》에 수록되어 있다

나의 육체의 모든 감각들 속에서

(또 나의 영혼의 모든 감각들 속에서)

그 모든 실체를

(그 모든 본질과 더불어) 지니고 있는바,

그 감지(感知)는, 내가 지금 하고 있듯이, 모든 것을 빛을 통해

알고 있는 자의 그 큰 앎 속에 담겨 있는 것과 같은 것이다.

그는, 그것을 더욱더 많이 알고 있었기에, 그것을 알고 있는 것이고,

더 많은, 더 많은 것만이 지혜에 이르는 유일한 행로이다.

나는 이제 정녕 내가 완전하다는 사실을 알고 있는바,

그도 그럴 것이 내가 갈망해오던 신(神)인 그대가

이제 바다의 음향과 색채 속에서

눈에 보이고, 귀에 들리고, 감지되기 때문이고, 그대는

또 그대로 인해 더 커진, 나를 감동시킨, 그 세계 속의

나 자신의 거울이 되고 있기 때문이다.

작품 해설

1. 작가의 시대적 배경

후안 라몬 히메네스(Juan Ramón Jiménez. 1881-1958)는[89] 20세기 스페인이 낳은 세계적 시인으로 동시대의 걸출한 시인들인 영국의 엘리어트(T.S. Eliot, 1888-1965), 프랑스의 발레리(P. Valéry, 1871-1945), 독일의 릴케(R.M. Rilke, 1875-1926) 등과 더불어 주목을 끌어왔다. 그는 제1차 세계대전과 제2차 세계대전을 겪고 또 프랑코 독재를 피해 미국에서 망명생활을 하며 생을 마감하기까지 나름대로 어려운 시대를 살았다.

1898년 스페인은 근 30년에 걸쳐 라틴아메리카 주민들과의 끈질긴 투쟁 끝에 쿠바를 잃음으로써 식민지 지배세력으로서의 마지막 발판을 잃어버렸다.[90] 그로 인해 몰락의 암운이 서려있었던 스페인에서는 알퐁소 12세(1875-1917)의 등극에 따라 왕정복고가 이루어졌는데, 그와 연계된 여러 가지 정치 사회적 폐단들은 프랑스 혁명과 공화주의를 기억하고 있는 스페인의 지식층 인사들의 비판의 대상이 되었다. 이들은 왕정복고가 쿠바에

---

89 스페인 문화에서는 주로 세례명, 부친 성, 모친 성으로 구성된 성명(姓名)에서 인물을 인간관계에서 지칭할 때는 통례적으로 첫째 이름과 둘째 이름을 부르고, 직업을 고려할 때는 마지막 이름을 부를 수 있다. 그러니까 우리의 경우 본명을 일반적으로는 후안 라몬이라 하고, 작가를 지칭할 때는 히메네스라 한다.

90 수년 전에 스페인은 이미 푸에르토리코, 필리핀, 미크로네시아 군도를 잃었다

서의 참패와 스페인의 쇠퇴, 교회의 억압적 역할과 군대의 오만함에 책임이 있고, 그들의 나라는 "문맹자들과 걸인(乞人)들의 나라로 변질되었다"[91] 고 비판하였다. 당시의 위대한 지식인으로는 우나무노(M. de Unamuno, 1864-1936)를 들 수 있는데, 그는 문필가, 시인, 대학교수로서 살라만카(Salamanca)에 자리 잡고서 마드리드를 중심으로 한 스페인 지식인 사회를 주도했다. 그는 스페인이 발전하기 위해서는 세르반테스(Cervantes, 1547-1616)를 전범(典範)으로 삼고 그 문화적 뿌리를 되찾아야 하며, "저마다 개발자가 되는 것 ¡que inventen ellos!"이라고[92] 하였다. 마차도(A. Machado)와 라몬 인클란(R. Inclán)을 위시하여 그를 추종하는 세력들이 시발점을 1898년으로 삼았기 때문에, 그 문인 집단을 '98 세대'라 부른다. 그들보다 조금 연하인 히메네스도 '98 세대'에 포함시키는 시키는 사람들이 있는가 하면, 다른 한편에서는 그의 전성기인 1927년을 뜻하는 '27 세대'에 그와 그의 추종자들을 포함시키기도 한다.

우나무노가 비정치적이었듯이, 이들과 연계하여 사회적 쇄신을 부르짖었던 사회 운동가 코스타(Joaquín Costa) 또한 어떤 정당(政黨)의 지지를 받고자 하지 않았던 끝에 몇 년 지나 그런 '쇄신 운동 el movimiento de la Regeneración'도 스페인 무대에서 사라졌다. 그러한 후진적 정치생활의 혼돈 속에서 등장한 것이 지방

---

91 Platero y yo. Antología poética(México: Editorial Trillas, 2005), 110 쪽을 볼 것.

92 같은 책, 111 쪽.

군 총사령관 프리모 데 리베라(M. Primo de Rivera)가 1923에 이끈 군부 쿠데타이다. 그가 1930년 사망한 후에 그를 계승한 세력은, 일시적 공화정의 설립에도 불구하고, 1933년 파시즘과 연계한 팔랑즈(la Falange)당을 배경으로 다시 군부를 완전히 장악하고, '스페인시민전쟁'에서 1936년에 승리한 후, 곧 프랑코(Francisco Franco) 총통 체제를 수립하였다. 히메네스는 1936년 스페인 공화국의 미국 워싱턴 문화 참사관으로 미국에 온 것에서도 볼 수 있듯이, 공화정에 동조하고 있었지만, 대체적으로는 비정치적이었다. 그는 주로 문학에 매진하였고, 1900년에는, 이 책의 다른 페이지에서 이미 언급한 바와 같이, 스페인의 정치, 경제의 중심인 마드리드에 잠시 가서 그곳에 와 있는 니카라과 시인 루벤 다리오와 상봉했고, 후자가 주창하고 있는 라틴아메리카 풍의 '근대주의 Modernismos'에[93] 동조했는데, 그 당시 그가 발표했던 두 권의 초기 시집들은 히메네스 자신이 후에 묶은 자기 전집에서는 제외하고 있다. 1900년 부친이 타계함으로 인해 히메네스는 죽음에 대한 극도의 공포로 정신병원을 전전(輾轉)하고 정신과 의사 시마로(Dr. Simarro)의 개인 치료를 받다가 1905년 모게르에 돌아와 지내다가 1912년 다시 마드리드로 돌아가기까지의 6년 여간을 고향에서 시작(詩作)에 전념했다. 그는 프랑스 남서부에서 병상 생활을 하면서 프랑스 상징주의 전통의 시들, 주로 보들레르(Baudelaire)와 발레리(Valérie)를 탐독했었고, 이 시기의 시

93 이 문학사조는 미국 시인 위트만(Walt Whitman 1819-1892)과 프랑스 상징주의의 영향 아래 시가 형식의 준수와 감각주의적 진리 파악을 강조했다

들에는 그런 영향이 감지된다. 특히 이 기간 중에 그는 모든 작품 가운데서 가장 유명한, 산문시적 스케치로 된, 일화집(逸話集) 《플라테로와 나》를 집필했다. 그는 완벽주의자로 새로 획득한 시각(視覺)에 따라 이미 씌어 진 시들을 끊임없이 보완 · 수정하곤 했지만, 그의 '플라테로 산문'에 대해서는 전혀 수정을 가하지 않았다. 이것은 이 작품이 그의 고향 모게르에서의 생활감정과 언어 감각에 아주 충실했음을 방증해 주고 있다.

히메네스는 1913년 제노비아 캄프루비를 만나 사랑하고, 1916년 뉴욕으로 건너가 결혼하고, 평생토록 그의 문학적 동반자로, '감상적 인생행로 sentimental journey'의 동반자로, 또 영어와 스페인어를 자유자재로 구사하는 이중 언어의 비서로서 그녀를 곁에 두었다. 결혼하기 위해 대서양을 배로 왕복한 경험이 그에게 세계에 대한 새로운 전망을 열어주었고, 그 결과로 집필한 시집《최근 결혼한 시인의 일기》는 그의 작품세계의 후기를 열어주었다. 그 이후로 1936년 망명길에 오르게 될 때까지 여러 주옥같은 시집들—《정신적 소네트들》,《영원성들》,《암석과 하늘》,《미(美)》 등—을 출간했다. 그는 미국 망명 후 푸에르토리코, 플로리다, 워싱턴D.C. 등지에서 강연을 하며 임시 체류 생활을 하다가 말년에는 푸에르토리코에 정착했다. 1956년에 노벨 문학상을 수상하고 2년 후에 타계하기까지 그의 만년에 집필된 작품으로는《심도(深到)의 동물 Animal de fondo》이 있다. 이 작품은 그의 마지막 시집《갈망되고 갈망하는 신(神) Dios Deseado y Deseante》—시 일부는 시인 생전에 그리고 나머지는 사후에 출판되었다—과 밀접하게 연계되어 있다.

2.《플라테로와 나》에 대한 단상(斷想)

1956년 히메네스에게 노벨상 수여가 보도되자 국제적 취재진이 모게르에 들이닥쳐 취재를 했는데, 거기에서 후안 라몬의 친구였다는 어느 노부인의 다음과 같은 말을 인용했다. "그들이 노벨상을 플라테로에게 수여한 것같이 보이네요!"[94] 이 에피소드엔 유머러스한 측면과 더불어 그 작품의 중요성에 대한 인식이 깃들여 있다고 여겨진다. 모게르는 우엘바(Huelva) 주에 속하고, 2013년 인구통계에 따르면 대략 2만 명의 인구에, 카디스 만에서 약 2킬로 정도밖에 떨어져 있지 않은 소도시이다. 히메네스는 그곳에서 태어나 청·장년기를 보내고 1912년까지 살았다. 고향도시의 풍물들과 주민들의 여러 모습들이《플라테로와 나》에서 생생하게 묘사되고 있다. 이 작품은 산문시(散文詩)적 일상(日常)의 스케치 또는 일화 선집으로서 현재 대체로 138장으로 편집되어 있다. 그것은 1914년 어린이 문고판으로 처음 출간되었을 때는, 그중에서 목가적인 것만을 뽑아 만든 64장의 소책자였다. 거기 나오는 주인공 '나'와 그를 동반하는 '작은 당나귀' 플라테로—주인과 가축 또는 인간과 동물 사이이지만—는 그 작품 속에서 기묘한 교감을 통해 어떤 '독백' 내지 '대화'를 지속하는데, 그것이 엄청난 센세이션을 일으켰고, 문학적 인기는 1917년에 발간된 완결본으로 이어졌다. 많은 독자들은 질문을

---

94 Antologi'a poetica. Platero y yo(Madrid: Santillana, 1976), 268 쪽, 원문: "¡Parece que le han dado el premio a Platero!"

던졌다. 플라테로는 참말로 존재했었나? 히메네스는 실제로 그가 존재했었다고 말한다.[95] 그러한 시인의 말을 어떻게 이해해야 할까? 여러 연구 자료들에 의하면, 히메네스는 그 당시 아프리카 등지에서 수입된 많은 무어 풍(風)의 당나귀들이 주인들의 온갖 학대에 시달리는 것을 보고 그들에게 무척 동정심을 느꼈다 하고, 그런 당나귀—우정을 나눌 수 있는—의 하나를 그의 동반자로 만들고 싶었다 한다.[96]

첫 장(章)에서 일인칭 서술자는 그의 작은 당나귀를 소개하며, 그것이 하고 싶은 대로 하도록 내버려 둔다고 한다. "내가 그를 풀어 주면, 그는 초원으로 가서 그의 더운 콧김으로 그저 스치는 듯 저 분홍빛, 푸른빛, 또 노란빛 꽃들을 부드러이 어루만진다. "플라테로?" 하고 조용히 부르면, 그는 즐거운 총총 걸음으로 내게 달려오는데, 마치 기발한 방울 소리를 내며 그가 웃고 있는 듯하다……." 그 둘 사이에는 각별한 우정이 존재한다. 그들은 더운 여름날 수박을 나누어 먹는가 하면(LXV장), 작은 나귀는 주인에게서 "진홍빛 달콤한 서리 낀 큰 수박을 내게서 빼앗아 가기"도(LXXV장) 한다. 일인칭 주인공이 플라테로를 배려해 주고 우정을 표하는 장면이 그 밖에도 여러 곳에서 서술되어 있는데, 각별한 관계를 '우정의 장'에서 다음과 같이 정리하고 있

95 Juan Ramón Jiménez, Platero und ich(Frankfurt a.M.: Insel, 1992), 238쪽, 독일어에서 번역. "많은 사람들이 플라테로가 존재했었냐고 물었다. (……) 실제로 나의 플라테로는 단 하나의 당나귀가 아니고, (그 하나 속에 포함된) 여러 마리의 은회색 당나귀들의 종합이다."

96 Antología poetica/Platero y yo(Madrid: santillana, 1976), 269쪽 이하.

다. "나는 플라테로를 마치 아이인 양 취급한다. 만약 도로가 울퉁불퉁하거나 그에게 조금 힘들어지면, 나는 그의 괴로움을 덜어 주기 위해 내린다. 나는 그에게 키스를 해주고, 그에게 장난도 친다. 그를 화나게도 한다……. 그는 내가 그를 사랑하고 있는지를 완벽하게 이해한다. 그리고 그는 나에 대해 어떤 원망의 마음도 갖지 않고 있다. 그는 나와 많이 같고, 그 점에서 다른 사람과는 다르기 때문에 나는 그가 내가 꾸는 꿈들을 꾸고 있다고 믿게 되었다."

그러나 주인과 종속된 동물과의 친밀한 관계에도 어떤 한계가 있다. 주인은 나름대로 청춘의 고뇌를 지니고 있다. 그는, 플라테로와 헤어져 홀로, 지난날의 쓰라린 추억을 더듬으며 그의 심적 상태를 나타내는 고요한 못으로 가서 과거를 회상한다. 바로 그 '역수의 못'은 역류하는 조수(潮水)에 의해 형성된 못으로 보통 때는 침체되어 있다가 때에 따라 새로 유입된 조수에 의해 정화(淨化)된다. 일인칭 화자(話者)도 그가 과거에 이룩하지 못했던 연정(戀情)을 못내 그리워하며 마음의 고향인 듯한 그 못을 찾는다. 그도 물론 고뇌를 지닌 채 새로운 인생경험을 쌓으며 계속 살아가고 있지만, 아련한 '옛 이야기'—우리의 시인 김소월의 시 〈초혼(招魂)〉에서 보듯—를 잊을 수가 없는 것이다. 이와 엇비슷하게 플라테로에게도 어떤 연정(戀情)이 있었다. 그가 그의 애인 암나귀와 재회하는 장면을 XXXIV장에서 서술하고 있다. "관능적 떨림이 협곡들을 지나 흐르고 있다. 갑자기 플라테로는 귀를 쫑긋 세우고, 커다란 강낭콩 같은 누런 이빨들을 드러내며, 콧구멍들을 부풀려 치켜 올린 눈높이까지 팽창시킨다. 그는 모든 방향에서 가슴을 채우고 있음이 분명한 어떤 깊숙한 향내를 길게 들이마시고 있다. 그렇다. 저기, 또 다른 언덕에, 푸른 하늘을 배경으로 우아하고 회색빛 자태를 뽐내며, 애인이 서 있는 것이다. 그리고 두 겹의 나귀 울음은, 나팔 소리처럼 넓고 길게 울려 퍼지며, 빛나는 시간을 깬 다음, 쌍둥이 폭포처럼 떨어진다.

나는 가엾은 플라테로의 사랑하는 본능들을 좌절시킬 수밖에 없었다. (…….) 소용없는 신비한 외침이, 살로 된 본능처럼, 하얀 데이지들 위로 난폭하게 굴러가는구나!" 우리는 자의(自意)건 타의(他意)건 경우에 따라 자연 본능이 이 세계에서 또 자연에서 억제되고 있는 것을 본다.

일화집에 담긴 138장의 아름다운 스케치들을 일일이 고찰한다는 것은 본 단평에서는 불가능하다. 다만 작품 이해에 긴히 도움이 될 만한 것에 제한할 수밖에 없을 것이다. 이런 의미에서, 플라테로에 대한 마지막 고찰을 하자면, 일인칭 화자가 CIIIVI장 전체를 이탤릭체로 하여 애처로운 추억을 떠올리며 플라테로에게 그 책을 바치고 있는 정황일 것이다. "사랑스럽게 구보하는 나의 플라테로여, 선인장들, 아욱들, 인동덩굴들이 즐비한 협곡의 길들을 넘어 그처럼 자주 네 영혼—오직 내 영혼만!—을 태워 준 나의 작은 당나귀여! 나는 너에게 이 책, 너에 관해 말하고 있는 이것을 바친다, 네가 이제는 그것을 이해하고 있을 테니까."

작가 히메네스는 그 시대의 선각자 우나무노의 제청(提請)—'각자는 발명자가 되라'—에 따라 그의 일화집에서도 여러 긍정적 가치들을 부각시키고 있다. 19세기 말에서 20세기 초엽에 이르기까지 높은 문맹률과 수없이 방황하는 걸인들로 야기된 사회 문제에 시달리며 서유럽의 여러 나라와 비교해 공업적 후진 상태에 머물러 있던 스페인에서 히메네스는 나름대로 작품에서 삶과 죽음의 경계와 빛과 어둠의 차이를 뛰어넘는 긍정적 가치에 기반(基盤)한 시각(視覺)을 보여주고 있다. 한 예로, LXXXI장에서 '그 어린 소녀'는 그녀의 친구 플라테로를 찾아와 쓰다듬어 주고 희롱하곤 했는데, '작은 당나귀'도 그 귀여운 소녀의 방문을 '영광'과 기쁨으로 받아들이곤 했다. 그런데 어느 날 그 소녀가 병들어 신음을 하면서도 플라테로를 여러 애칭으로 부르다가 끝내 숨을 거두었는데, 그러한 소녀의 저승길을 시인은 "영광으로 가는 귀향길"이라고 표현하고 있다. 또 LI장에서는, 그 주인들을 극진히 곁에서 지켜주던 개 '로드'가 그만 어느 미친개에 물려 광견병을 얻게 되어 할 수 없이 버림을 받게 되었을 때, '로드'가 죽음의 터전으로 끌려가면서 던진 그 마지막 눈초리는 화자에게 "로드가 내 가슴에 고통에 시달린 발자국처럼 영원히 남겨 놓은 그 시선은, 이승에서 영원으로 가는 길처럼—내 말은, 개천에서 왕관 소나무까지—길게 드리워져 있다." 그 "영원으로" 가는 길을 보여주는 듯하였다.

우리 주변에 있는 동물들 중에서 한 예를 들자면, 우리는 LXI장에서 그 '갓 낳은 새끼들을 거느린 암캐'를 본다. 우리 주변에서도 개나 고양이를 길러 본 사람이면 익히 알고 있듯이, 애완동물 하나하나는 그들의 주인을 대단히 믿고 따르며, 그들의 새끼들에 대해서는 대단한 애착을 보인다. 우리의 일화의 예에서 보면, 그 암캐는 갓 낳은 새끼들을 어느 여인에 의해 도적맞았다. 그녀는 병 걸린 자기 자식에게 그것으로 보신탕을 해 먹일 참이었다. 결과적으로 말하면, 새끼들을 도적맞은 암캐는 눈이 뒤집혀 여기저기로 하루 종일 찾아 헤맨 끝에 그것들을 찾아 제 집으로 다시 데려왔다는 얘기다. "너는 중앙로에서 타블라스 거리까지 얼마나 먼지를 잘 알고 있겠지……. 그 개는 밤새동안 네 번 왔다 갔다 했는데, 그럴 때마다 그녀는 새끼를 한 마리씩 입에 물고 데려왔단다, 플라테로야. 그리고 새벽에, 로바토가 그의 현관문을 열었을 때, 거기에는 문지방에 앉아 그녀의 주인을 상냥하게 쳐다보고 있는 암캐와 더불어 분홍빛 통통한 젖꼭지들에 어설프게 매달려 떨며 젖을 빨고 있는 새끼들 모두가 있었단다……." 그런 '믿음과 소망과 사랑'의[97] 실천을 우리는 그 암캐에서 감지할 수 있는 것이다.

시인은 또한 자연환경의 사소한 식물의 존재에서도 어떤 진지한 가치를 목격하고 있다. L장에서 일인칭 화자는 '길가에 핀 꽃'을 가리키며 플라테로에게 말한다. "이 꽃은 말이다, 플라테로야, 그에 대한 기억은 영원하다 해도, 실제는 며칠밖에 살지 못할 것이다. 그것의 수명은 너의 봄 가운데 하루와 같고, 나의 삶에서 한 봄철과 같을 것이다……. 플라테로야, 그것이 우리 삶의, 매일매일, 순박하고 끝없는 본보기임을 보여주도록, 나는 가을에 그 숭고한 꽃에 대한 대가로 무엇인들 내주지 않겠니?"

히메네스는 문체적 형식에서도 긍정적 측면을 반드시 부각한다. 이 점을 올바로 이해하기 위해서 우리는 그가 카디스 근처의 한 예수회 소속 학교에서 중·고등 과정(bachillerato)을 마치

---

97 〈고린도 전서〉 13: 13 참조.

고 세비야에서 대학 과정을 시작하기 전에 화가가 되고자 수개월간 그림 공부를 한 사실을 상기할 필요가 있다. 가족의 권유로 법학을 전공하고자 시도를 하였으나 적성에 맞지 않아 포기하고 모게르에 돌아와서 독서와 시작(詩作)을 하며 시간을 보냈다. 그 당시 그가 그린 그림들은 화가로서의 재능을 십분 발휘했다고 여겨진다.[98] 이제 그는 시인으로서 바로 그림 그리기에서 닦은 색채의 명암(明暗)과 공간적 차원에 대한 이해를 그의 문체에서의 평형감각을 보여주고 있다. 그 한 예로 VII장에서 검은 옷을 입고 작은 나귀 등에 올라타고 가는 화자를 '미친 사람'이라고 외치며 악귀처럼 따라다닌, 추잡하게 누더기를 걸친 몇몇 집시 아이들을 뒤로 제치고 앞 전경에 눈을 돌린다. "우리 앞에 벌써 초록빛 들판이 펼쳐져 있다. 그 불타는 쪽빛의 거대하고 투명한 하늘을 마주하고서, 나의 눈—내 귀로부터 그처럼 멀리서!—은 고귀하게 열리며, 그 고요한 눈초리 속으로 지평선의 무한함이 깃들어 있고, 필설로 다할 수 없는 저 평온함과 저 조화롭고 신성한 청랑함을 반겨 맞는다……."

마지막으로 예를 하나 더 든다면, 우리는 LVIII장에서 끔찍한 '닭싸움'의 장면에 접하게 된다. 투계장과 둘러싼 관객들 모두는 화자의 눈에 온통 역겨움의 집단으로밖에 보이지 않는다. 그럼에도 왜 그는 거기에 머물러 있었던가? 그것은 우리 모두의 자의(自意) 반, 타의(他意) 반의 운명인지도 모를 일이다. 여기 싸움

---

98 Donald F. Fogelquist, Juan Ramón Jiménez, Boston: Twayne Publishers, 1976, 21쪽 참고.

의 장면이 묘사된다. "가엾은 영국 수탉들은, 서로서로 상대방을 찢어 뜯고, 눈들을 서로 때리고, 마주 뛰어오르며 인간의 증오를 서로서로에게 쏟아 붓고, 레몬 액이나 …… 또는 독을 입힌 그들의 며느리발톱으로 서로서로의 살점을 찢어 버리고 있었다. 그들은 아무 소리도 내지 않고, 그들은 아무것도 보지 않고, 거기에 있다는 것조차도 모르는 것 같았다……." 이 얼마나 무서운 이름 모를 증오의 표현인가? 여기에 작가는 다른 삶의 가능성, 다른 전망을 다음과 같이 제시하고 있다. "그런데 나는, 왜 나는 거기에, 그처럼 불편한 한가운데에 가 있었던가? 나는 모른다……. 아주 이따금씩 나는 공중에서 펄럭이고, 해변에 정박한 보트의 찢어진 돛 사이로 싱싱한 오렌지 나무를 바라보았는데, 그것은 바깥의 순수한 햇빛을 받아 함빡 핀 흰 꽃을 통해 대기에 향기를 뿜어내고 있었다……. 나의 영혼은 향기롭게 생각하였다, '꽃을 피우는 오렌지 나무가 되는 것, 시원한 미풍이 되는 것, 하늘 높은 해가 되는 것은 얼마나 멋지냐!'"

3. 명시선(名詩選)에 대한 이해

작가 히스메네스는 주로 그의 일화집 《플라테로와 나》를 통해 잘 알려져 있고 여러 다른 산문도 발표했지만, 그의 본령은 서정시이다. 이 일화집은 그의 시(詩) 세계를 이해하는데, 좋은 길잡이가 된다. 이제 우리는 그의 500여 편에 달하는 방대한 시들 중에서 아홉 편의 시를 골라 그의 시 세계를 어느 정도 가늠해 보고자 한다. 첫째 시는 우리가 다루고자 하는 히메네스 시작의 후기에 속하지는 않지만, 선자(選者)의 주관적 내지 객관적 판단 기준에 따른다면, 그 소재가 퍽 흥미 있는 아름다운 시라 여겨진다. 사랑은 삶과 자연의 리듬으로 언제나 우리 곁에 있다. 시인은 제4연에서 다음과 같이 말하고 있다.

> 사랑을 하지 않으려는 너의 욕구는 헛된 것이여!
> 어느 날, 감미로운 미풍이 영혼에 불어오고,
> 별들이 빛나는 밤은,
> 사랑이여, 그 첫 번 때와 같이 정숙하게,
> 심금을 울릴 것이다.

히메네스는 가톨릭 문화권에서 태어났지만, 기성 교회와 성직자들에 대해서는 다분히 비판적이었다. 하지만 그는 예술가적 감수성과 더불어 기독교 문화 자체에 대해서는 매우 수용적이었고, 자신도 매우 종교적이었다. 그의 작품을 통해 보면, 그는 윤회 사상을 믿고, 정신적 가치를 추구하고, 영혼의 영원성을 굳게 믿고 있어 불교적이며 기독교적이라 할 수 있다. 필자는, 시인이 그의 임종 침상에서는 영성체 의식(儀式)을 받기로 해 궁극적으로는 교회와의 화해를 이루었음을 기억하면서, 그의 시 세계를 '믿음, 소망, 사랑'이라는 표어 아래에서 고찰해 보고자 한다.

그 두 번째 시 〈10월〉에서 시인은 자연과 인간의 생식 과정을 유추(類推)하여 그려낸다. 시인은 그 "카스틸랴의 무한한 들판을 바라보며" 그의 상상력을 동원한다. 대지 위에서 농부가 미래의 수확을 위해 그 "쟁기"로 "고랑을 이루며" 파헤쳐 가고 있는 밭은 "정숙하게" 누워 있는 여인의 몸이다. 시인의 상상력은 그 마지막 두 시구(詩句)에서 절정에 이른다. (그의 심장을 쪼개어 그의 고향 땅에 뿌린 결과로) "봄이 그 영원한 사랑의 정숙한 나무를/온 천하에 보여줄 것인지를 보기 위함이었다." 여기서 우리는 시인이 그 "벌려 진 partida" 땅을 기술할 때 같은 동사 "쪼개다 partir"를 쓰고 있음에 주목하면서, 그가 육체적/정신적 '사랑'에 대해 품고 있는 큰 '소망'을 본다. 이 시(詩)는 그 원문에서 소네트 형식을 엄격히 따르고 있다.

다음에 골라본 두 시(詩), 〈하늘〉과 〈바다〉는 후안 라몬이 1916년 결혼하기 위해 뉴욕에 갔다 오면서 선상(船上)에서 경험한 바를 토대로 쓰여 진 시들이다. 그는 바깥 세계와 끝없이 확 트인 전망, 거대하게 살아 움직이는 바다, 그와 더불어 대칭적인 하늘과 땅, 또 태양은 영원에 대한 시인의 이미지로 그의 무한한 내면성의 의식과 더불어 작동하기 시작한다. 또한 이 시들은 운율(韻律)의 제약에서도 벗어난 자유시 형태를 취하고 있고 또한 시어(詩語)의 선택에 있어서도 뜻이 분명한 평범한 어휘를 구사하고 있다.

시인은 위협적으로 넘실대고 밀려드는 파도를 "끝없는 무질서"로 또 "끊임없는 무기"로 서술하는가 하면, 바다 그 자체를 어떤 것에도 의존하지 않은 채 "완벽한 장관"을 펼치며 "충만(充滿) 중의 충만"을 고적하게 이루고 있다고 표현하고 있다. 그리하여 그 마지막 시구에서는 바다가 그 자체로 충족된 전체이며 그 안으로 서정적(抒情的) 자아도 흡입되고 있음을 암시한다. "이는 자신과의 만남이거나 또는 나와 그대의 만남이어라!"

〈하늘〉에서는 그 마지막 연(聯)에서—시인의 평상시와 다른 새로운 시각을 통하여—하늘이 그 영원으로 통하는 관문처럼 천정을 이루고 있음을 시사하고 있다. "오늘 나는 천천히 그대를 바라보았지,/그리하여 그대는 그대의 이름에 합당하게 계속 솟아올랐지."

히메네스는 그의 시 창작의 후기로 접어들어 이제부터는 그 어떤 심오한 사상적 내용을 추구하기 보다는 사물의 본질을 파악하기 위해 그것의 "정확한 명칭"을 달라고 '지성(知性)'에 간청하고 있는 것이 다음의 시다. 즉 시인이 그것으로부터 청구하고 있는 것은 사물들의 일상 호칭에 앞서 시인의 영혼에서 창조된 시어(詩語)가 우선권을 갖게 해달라는 것이다. 히메네스는《플라테로와 나》의 LV장 "당나귀 학"에서 일상적 단어 '당나귀'가 갖는 폄하적인 의미에 대해 강력한 비판을 가하고 있다. 여기서 시인은 사물들에 대해 올바른 인식을 부여하는 시어(詩語)[99]의 개발을 자신의 책무로 파악하고 있는 것이다.

다음 시 〈그녀는 처음엔 순수하게 왔다〉에서 시인은 허식 없는, 치장되지 않은 순수한 시를 주창하고 있다. 어느 면에서 이 시는 히메네스가 프랑스 상징주의 시들을 읽으면서 접할 수 있었던 보들레르의 유명한 시 〈보석들 Les Bijoux〉의 첫 두 시구(詩句)를 연상케 하다. "나의 애인은 나체였고, 나의 마음을 잘 알기

---

99 시이(詩語)는 어원적으로 'poicsis 창조하는 것'의 뜻이 있다.

에,/그녀는 그 음향 좋은 보석들만을 걸치고 있었다." 하지만 그 프랑스 시인이 공감각적인 향락주의적인 효과를 불러일으키고 있는 반면에, 히메네스는 모든 치장을 거부하고, 오직 여인의 순수한 본질에 비유한 '시의 순수성'만을 그의 마지막 연에서 강조하고 있다. "오, 나의 삶의 열정인 벌거벗은 시(詩)여!/ 그것은 이제 영원히 나의 것이다!"[100]

〈하루를 헛되이 보내지 마라〉는 우리의 책상머리에 올려놓고 매일같이 감상할 만하다. "그대의 민첩한 삶 tu vida alerte"의 권장에서 신의 섭리를 믿고 매일 매일의 축복에 감사하며 하루하루를 정신 바짝 차리고 경건히 살아가려는 시인의 모습이 엿보인다. 여기서 우리는 존재하는 것에 대하여 시인이 품고 있는 생각을 또 다른 시에서 일별해 볼 수 있다. 그의 연시(聯詩)집 〈여름 Estío〉에 수록되어 있는 시 〈푸른 바람을 타고 간다 En el viento azul se van〉에 다음과 같은 구절이 있다. "나는 내가 주는 것을 지니고 있고, …… /오늘은 오늘이다."[101] 우리는 그의 여러 가지 시적 표현에서 한 명제를 끌어낼 수 있는데, 즉 그것은 '모든 존재하는 것은 그 자신의 가치를 자기 등에 지고 간다'고 하는 것이 될 것이다. 이런 시각에서 방금 인용한 시의 다음 절을 주목해 보자. "그리고 현재는 유일하게 봉사 한다./그리고 사랑은 카

---

100 우리나라의 시인 김춘수도 4.19 혁명을 계기로 그의 시어의 정화와 사물의 본질적 명칭을 추구하였던 바, 그 프로그램 같은 착상이 그의 시 〈사월에〉에 다음과 같이 적혀 있다. "가을에 나의 시는/여성적인 허영을 모두 벗기고 뼈를 굵게 하라."

101 원문 참조: "Tengo lo mismo que doy/....../hoy es hoy."

네이션, 재스민, 아카시아의 향기로/카네이션, 재스민, 아카시아의/향기로 변한다."[102] 접속사 '그리고'와 꽃들의 이름의 반복에서 모든 것은 자기가 지닌 가치대로 남는다는 것을 볼 수 있다. 그 시의 마지막 연(聯)에서 "모든 것은 그 자체를 따르고 있다는 것"을 되풀이하여 언급하며, 그 사이에 "믿음 그리고 더 많은 믿음 Fe y más fe"이라는 구절을 삽입하고 있다.[103] 이것은 자기 동일성을 믿는 철학으로 히메네스의 시 세계를 이해하는 데에 핵심 개념이 될 수 있을 것이다.

다음의 시 〈나는 다시 태어날 것이다〉는 우리가 위에서 개진한 시각(視覺)에 따라 이해한다면, 아름답게 표현되고 있는 시적 이미지는 시인의 자신에 대한 '믿음'과 '소망'에 기초하고 있으며, 그 목표는 '사랑'으로 귀결되고 있음을 볼 수 있다.

우리의 마지막 시 〈나의 제3의 바다에서〉는 그의 마지막 시집 《심도(深到)의 동물》에 수록되어 있는 매우 핵심적인 의미심장한 작품이다. 우선 그 시집과 시의 제목들에서부터 문제가 야기된다. 이 책의 다른 페이지에서 이미 암시했던 바와 같이 '심도 fondo'는 원어의 뜻이 우선 (바다나 강의) '바닥'을 뜻하고, 그 다음으로는 '깊이 또는 심오함'을 뜻한다. 이와 연계되어, 히메네스의 산문집 《El andarín de su órbita 자신의 궤도를 걷는 보행

---

102 원문 참조: "....../y al olor torna, el amor,/de clavel, jazmín y acacia,/al olor/de clavel, jazmín y acacia."

103 원문 참조: "Que todo siga lo mismo./Fe y más fe./¡Que todo siga lo mismo!"

자》[104]에는 다음과 같은 시론(詩論) 비슷한 단상(斷想)이 수록되어 있다. "나는 언제나 심오하다고 일컬어지는 시(詩)보다는 저 꿰뚫는 시를 선호했고 또 계속 선호할 것이다. 그것은 정곡을 찌르듯 신랄하고 안전하게 됨으로써 깊게 파고드는 시이다."

첫 연에서 시인은 영혼의 '회색 빛'의 미숙했던 출발이 어떻게 그 '흰 빛', 즉 "모든 빛깔의 빛깔"인 백색 태양광선 속으로 진입하게 되는지를 서술한다. 즉 그 영혼은 온갖 경험, "공기, 대지, 물. 불", 끝으로 "사랑"을 통해 단련되고 정화되었음을 암시한다. 제2연에서 영혼은 '사랑의 형식'으로 존재하며, "남성 육체에서" 또 "여성 육체" 속에 남아서 유기적 "자연 요소의 총체적이고/유일한 형식을 이루고 있다"고 피력된다. 그리하여 제3연에서는 사랑이, "그 가장 완벽한" 형식을 갖출 때는, 이 세상에 담겨 있는 지혜와 일치한다고 진술된다. 그리하여 마지막 연인 제4연에서는 사랑이 질적으로 또—"더 많은 것"을 통해—양적으로 도달한 "행로camino"에서 서정적 자아가 갈망해 오던 "신"의 모습으로, 또 거기에 고무되어, "나 자신의 거울espejo de mí mismo"로 감지된다는 것이다.

히메네스는 1916년 그의 대서양 횡단 경험을 통해 바다의 살아있는 생명력, 그것의 공간적 무한성과 시간적 영구성, 하늘과 바다의 일체성, 해와 땅의 동일 체계를 그의 명상적 의식과

---

104 El andarín de su órbita(Madrid: Editorial magisterio E., 1974), 142 쪽, 원문: "Siempre preferí y sigo prefiriendo la poesía penetrante a la poesía llamada profunda; la poesía que entra honda y hondo por ser punzante y segura."

일치시켜 인지하였다. 그의 기질엔 형이상학적 요소가 많았다. 시인 자신은 이미 1915년경에 씌어 진 연작시 〈여름〉에서 그의 영혼의 공간 경험을 한 시에서—원어 텍스트에서 명백히 드러나듯이—자신이 "바다를 뛰어넘어 하늘로 들어갈 것"이라고 서술하고 있는가 하면, 그 마지막 연에서는 그의 확고한 위치를 다음과 같이 서술하고 있다. "나는 높이, 멀리, 멀리, 높이/ 외로이 공간들 어딘가에 자리 잡고서/내 자신에 의해 재생되고/그대에 의해 환생되도다."[105] 여기서 서정적 자아는 자신을 '영혼'으로 파악하고 있으며, 또한 바다와 하늘의 동일체가 영구히 재생되고 존속되듯이, 그의 영혼도 그 자체로 재생되고 영속되는 것을 시인이 믿고 있다는 것을 엿볼 수 있다.

여기서 골라 엮은 히메네스의 명시들을 통해 우리가 총체적으로 결론지을 수 있는 것은 그의 시가 믿음과 소망에서 출발하여 사랑—더 나아가 영원한 사랑을 향하여—으로, 즉 모든 본질적인 것에 대해 그가 품고 있는 동일성의 신념으로 귀결되고 있으며, 이 점이 그의 작품세계의 가장 두드러지는 특징이라는 사실이다.

---

105 Antologi˝a poetica/Platero y yo(Madrid: santillana, 1978), 90 쪽: "¡Saltare˝ el mar, por el cielo!/....../¡Alto, lejos, lejos, alto!/¡Solo yo por los espacios,/de mi˝ mismo reencarnado,/y de ti resucitado!"

후안 라몬 히메네스 연보

1881 후안 라몬 히메네스(Juan Ramo'n Jime'nez)는 12월 23일 지방 도시 우엘바(Huelva)와 연계되어 있는 읍 모게르(Moguer)에서 아버지 빅토르 히메네스(Victor Jime'nez)와 어머니 푸리피카시온 만테콘(Purificaci'on Mantecón) 사이에서 네 남매 중 막내로 태어난다.

1893 산타 마리아 항구에 있는 예수회 소속 공립학교 싼 루이스 곤자가(San Luis Gonzaga) 공립학교(카디스Cádiz 시)에서 고등교육을 받기 시작한다.

1896 가을에 초급대학 과정을 맞추고 세비야 대학에서 법학 공부를 시작하고 또한 살바도르 클레멘테(Salvador Clemente)의 스튜디오에서 신인상주의적(neoimpresionista) 그림 그리기 공부한다.

1898 그의 부친이 심장 마비를 겪은 후, 학업을 중단하고 병든 몸으로 모게르로 돌아온다.

1900 루벤 다리오(Rubén Darió)와 프란시스코 빌라에스페사(Francisco Villaespesa)의 초청으로 스페인 문단의 중심지인 마드리드에 도착하여 그 당시의 새로운 물결이 던 '근대주의(Modernismo)' 운동에 합류하였고, 그 열기 속에서 주목할 만한 초기 시집, 《보랏빛 영혼들Almas de violeta》과 《수련(垂蓮)들Ninfeas》 두 권이 출간된다. 그러나 대도시의 카페 문화가 그의 기질에 잘 맞지 않고 부친의 병세가 염려되어 한 달 후에 모게르로 다시 돌아와 그의 시작(詩作)에 전념하고자 한다. 부친의 서거로 정신적 타격을 입고 죽음의 공포에 시달린다.

1901 모게르에 있는 가족 의사의 권유로 프랑스 보르도 근방의 정신병원에 입원해 있다가 9월에 마드리드로 돌아와서 의사 시마로(Dr. Simarro)의 중재로 로사리오 요양원(Rosario Sanatorium)에 입원한다.

1903 의사 시마로의 마드리드 집에서 그의 개인적 간호를 받으며 1905년까지 함께 생활하며 히네르 데 로스 리오스(Giner de los Ri'os)를 위시하여 '자유 교양 교육'에 종사하는 여러 인사들과 교분을 튼다.

1906 모게르에 돌아와 공동묘지 방문, 그림 그리기와 독서를 하며, 고립과 고독의 한 시절을 보낸다.

1911 그의 가문의 파산에 따라 스페인은행(Banco de España)은 그의 가족의 모든 부동산을 압류 · 회수함. 시집 《낭랑한 고독 La Soledad sonora》과 《마술적이고 번뇌하는 시들 Poemas ma'jicos y dolientes》 출간한다.

1912 7년여간의 모게르 생활을 접고 마드리드로 귀환한다.

1913 제노비아 캄프루비(Zenobia Camprubí)를 만나 사랑에 빠짐. 학생 기숙사(Residencia de Estudiantes)로 거처를 옮긴다.

1914 《플라테로와 나 Platero y yo》의 초판본을 발간. 라빈드라나트 타고르(Rabindranath Tagore)의 작품들을 영어에서 스페인 표준어 카스틸랴어로 번역함에 있어 제노비아를 돕기 시작한다. 건강이 회복된다.

1916 후안 라몬은 뉴욕으로 여행하여 3월 2일 성 스티븐 교회(Saint Stephen)에서 제노비아와 결혼한다.

1917 《플라테로와 나》의 완결본, 히메네스 시의 후반기를 시작하는 《정신적 소네트들 Sonetos espirituales》과 《최근 결혼한 시인의 일기 Diario de un poeta recie'n casado》가 출판된다. 뉴욕의 '이스파니아 회(Hispanic Society)'가 《시 선집 Poesi'as escogidas》을 출간한다.

1918 히메네스 시의 새로운 방향을 확고히 제시하는 《영원성(永遠性)들 Eternidades》이 스페인 알코이(Alcoy) 시의 '앙겔 협회(A. de Angel)'에서 출간된다.

1919 《암석과 하늘 Piedra y cielo》 (Ed. Fortanet)이 출판된다.

1922 《제이 시선집 La segunda antolloj'ia 1898-1918》 (Ed. Espasa Calpe)이 출간된다.

1923 후안 라몬과 제노비아가 편집한 《미(美) Belleza》 (Ed. Poligráficos)가 출간된다.

1928 8월 18일 제노비아의 모친이 사망한다. 9월 1일 후안 라몬의 모친이 사망한다.

1931 후안 라몬은 '스페인 공화국'의 선포를 열렬히 지지한다.

1932 《산문과 시로 된 시가집 Poesi'a en prosa y verso 1902-1932》 (Ed. Signo) 출간한다.

1936 7월 18일 '합헌 정부'에 대한 봉기가 일어난다. 아자냐(Azaña) 대통령은

후안 라몬 히메네스를 미국 파견 명예 문정관으로 임명한다. 후안 라몬과 제노비아는 '공화국(República)' 지지 운동을 펼친다. 푸에르토리코와 쿠바로 여행한다.

1937 1938년에 걸쳐 공화국지지 선언과 행동을 펼친다.

1939 4월 1일 '시민전쟁'은 프랑코 군대의 승리로 막을 내리고, 후안 라몬은 스페인으로 귀환할 희망을 잃고 극심한 신경쇠약 증세를 일으킨다. 후안 라몬과 제노비아는 마이애미대학 구역으로 이사한다.

1940 극심한 우울증으로 병원에 입원한다.

1942 그의 동시대인들에 대한 산문집인 《세 세계들의 이스파니아인들 Españoles de tres mundos》(Ed. Losada, Buenos Aires)을 출간한다.

1945 제노비아가 메릴랜드대학 교수로 임명되어, 후안 라몬 히메네스 부부는 그 대학 근처의 리버데일 공원(Riverdale Park) 지역으로 이사 간다.

1946 《총체적 계절 La estación total》(Ed. Losada, Buenos Aires)을 출간한다. 후안 라몬의 극심한 우울증.

1949 《심도(深到)의 동물 Animal de fondo》(Ed. Pleamar, Buenos Aires)을 출간한다.

1950 심각한 우울증으로 인해 그는 스페인어를 쓰는 고장으로 가도록 권유를 받아 푸에르토리코로 여행한다.

1951 1931년 처음 발견되었던 제노비아의 자궁 종양이 암으로 발전한 것으로 진단되어 그녀는 메릴랜드대학의 교수직을 사임하고 푸에르토리코로 이사하여 정착한다.

1952 그의 우울증 증세가 개선됨에 따라 후안 라몬은 다시 강연회들을 열고 또한 작품 검열을 하였다.

1954 제노비아의 병세는 악화되었고, 그와 더불어 후안 라몬의 우울증이 재발한다.

1955 푸에토리코대학의 도서관에 '제노비아-후안 라몬 별실(Zenobia-Juan Ramón Room)'이 개설되었고, 거기에 대규모로 원고들, 서적들 그림들, 개인 서신들이 기증되었다.

1956 메릴랜드대학(The University of Maryland)은, 미국의 다른 대학들, 공공

단체들, 개인들의 후원하에, 노벨 문학상 후보로 후안 라몬 히메네스를 건의하였고, 그 결과 10월 25일 후안 라몬 히메네스는 그의 수상(受賞)을 알리는 전보를 받는다. 제노비아는 그 기쁜 소식을 알아들었지만, 3일후에 자궁암으로 타계한다.

1957 집 안에 틀어 박혀 지낸다. 그의 시작(詩作)의 총결산이라고 할 수 있는《제삼 시선(詩選)집 Tercera antolojía poética 1898-1953》(Ed. Bib. Nueva)을 플로리트(D. E. Florit)의 협력에 힘입어 출판한다.

1958 넘어져 둔부를 다치고 난 후, 후안 라몬은 5월 28일에 기관지 폐렴을 얻었고 그 다음 날인 5월 29일 새벽에 타계한다. 그의 조카 돈 프란시스코 에르난데스-핀손(Don Francisco Hernández-Pinzón)의 교섭에 힘입어 제노비아와 후안 라몬의 유해 가 모게르의 공동묘지에 안장된다.

시 목록

히메네스의 대표적 명시들